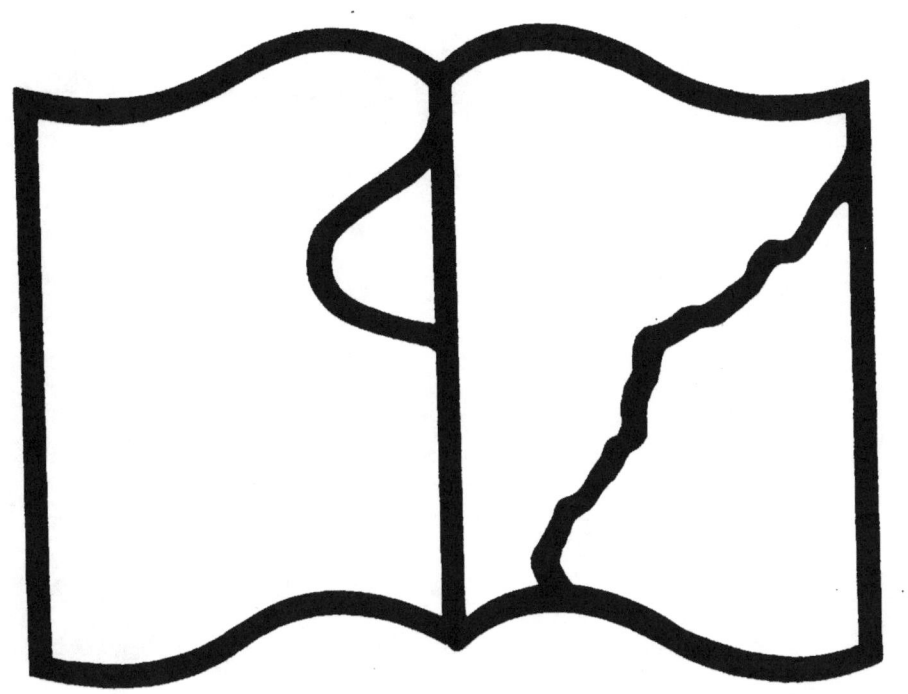

Texte détérioré — reliure défectueuse

**NF Z 43**-120-11

# TRAITÉ DES FORTIFICATIONS,

## OV ARCHITECTVRE MILITAIRE.

### TIREE DES PLACES LES plus estimées de ce temps, pour leurs Fortifications.

### DIVISÉ EN DEVX PARTIES.

La premiere vous met en main les Plans, Coupes, & Eleuations de quantité de Places fort estimées, & tenües pour tres-bien fortifiées : La seconde vous fournit des pratiques faciles pour en faire de semblables.

*fait par le p. fournier Jesuiste*

## A PARIS,

Chez JEAN HENAVLT, au Palais, dans la Salle Dauphine, à l'Ange Gardien.

## M. DC. XLVIII.

*Auec Priuilege du Roy.*

# PREFACE.

*CONTENANT PLVSIEVRS cognoissances necessaires à toutes personnes qui font profession des armes.*

## Chapitre I.

Que l'exercice des armes est le plus noble employ de la vie Ciuile.

LA raison en est, parce qu'il n'y a aucune fonction qui se propose vne fin plus noble, aucune qui y employe des moyens plus ef-

A

# PREFACE.

*ficaces, & parce qu'elle est pratiquée, parce qu'il y a de plus genereux en la nature.*

## CHAPITRE II.

### Quel est le but des armes.

Faire regner la iustice, proteger les foibles contre la violence des plus forts, maintenir les Estats en repos, & retrancher tout ce qui peut troubler la felicité des peuples.

## CHAPITRE III.

### Qui peut declarer la guerre?

Tout Peuple, Republique, ou Prince, qui ne recognoist au-

# PREFACE.

cun superieur duquel ses Estats releuent. Car n'ayants personne à qui s'adresser pour auoir raison du tort qu'on leur fait, ils ont droit de pouuoir estre iuges equitables en leur propre cause, & faire la guerre, en cas qu'on ait refusé de reparer quelque grand dommage qu'on a causé à eux, ou à leurs sujets.

D'où s'ensuit, qu'il n'est permis de faire la guerre, poussé seulement du desir d'acquerir de l'honneur, ou pour s'accommoder & aggrandir ses Estats, regner seul, ou pour de legers sujets, comme firent iadis les Pictes & les Escossois, qui se donnerent vne sanglante bataille pour vn chien.

A ij

## CHAPITRE IV.

### Qui a donné ce pouuoir aux Souuerains, & l'a ofté aux particuliers?

LE droit des gens, & le confentement de toutes les Nations bien policées, qui ont retiré d'entre les mains des particuliers l'vfage de la vengeance, de peur que l'ignorance ou la paßion, ne les engage à de nouueaux excés, plus grands que ceux qu'ils voudroient reparer, & l'ont tranfporté à des perfonnes defintereßées, comme font les Rois & les Magiftrats : Et mefme, de peur que la corruption ne penetraft iufques aux fonctions

## PREFACE.

de leurs charges, on a voulu que la dispensation de leur pouuoir se fasse par le ministere des Loix de chaque Estat, lesquelles y sont sagement establies, & lesquelles n'estans capables de sentiment, ou de connoissance, ne peuuent estre corrompuës.

On a eu aussi égard à ce qu'il n'y eût point d'iniustice, pour puissante & temeraire qu'elle peust estre, qui ne pliast sous les Loix. A ces fins, on a laissé au Souuerain la disposition des forces publiques, pour faire obeyr à ses ordres les refractaires, conseruer les Loix en leur vertu, & restablir la paix par l'égalité, que la iustice doit reparer, quand elle se trouue lesée en quelque chose.

## Chapitre V.
### Des Duels.

Les Particuliers donc ne peuuent-ils jamais vuider leurs propres querelles, & celles de leurs amis par les armes, & presenter le combat, ou l'accepter à ce dessein?

La responce de la nature, & de Dieu son Autheur, des Puissances de la terre, & des plus sages testes du monde, est que non. Tu ne tuëras point, dit le Maistre de nos vies, si ce n'est par mon ordre, ou celuy de mes Lieutenans. Or est-il qu'il n'a point cét ordre de Dieu, qui luy donne des iuges sur la terre, & qui l'a fait naistre sujet. Il ne l'a pas auſſi des puiſſances Ecclefiaſtiques, puis que les Conciles fulminent anatheme contre les Dueliſtes, & que l'Egliſe les maudit, les excommunie, & fait ietter leurs corps à la voirie, en deteſtation de leurs crimes.

Il ne l'a non plus des Puiſſances ſeculieres & temporelles, puis qu'elles le deffendent tres-expreſſement par des Edicts ſi ſolemnels, par des punitions ſi exemplaires, & par des peines ſi honteuſes : comme ſont la confiſcation de tous leurs biens, la dégradation de Nobleſſe, & meſme des ſupplices du cadavre aprés la mort : qu'on fait traiſner ſur vne claye, attacher au gibet, & ictter à la voirie.

De plus, affin que les defordres des perfonnes qui font profeſſion des armes, ne demeurent impunis, les Souuerains eſtabliſſent des Ducs & des Pairs, des Mareſchaux, des Maiſtres de Camp, des Gouuerneurs de Prouinces & autres Iuges des differens des hommes d'eſpée, & de la Nobleſſe.

Ils n'ont point auſſi cette permiſſion de la nature, puis que la lumiere de la raiſon nous fait cognoiſtre l'iniquité de ces combats.

Premierement, en ce que perſonne n'eſt bon iuge en ſa propre cauſe, & n'a l'eſprit aſſés épuré dans la paſſion & le reſſentiment de l'iniure pretenduë, pour iuger ſainement de la qualité de l'offence, de

# PREFACE.

sa grieueté, & de ses consequences: de la grandeur des peines qu'elle merite, & d'adiuster tellement la peine auec l'offence, qu'au sentiment des plus sages, ils soient dans l'égalité.

2. Mais ie veux que veritablement quelqu'vn ait esté offensé, encore en toute bonne morale, tous les pechez ne sont pas égaux, tous ne sont pas suppliciables de la mort, & de la damnation eternelle de nos ennemis: toutes sortes de torts ne meritent pas que nous exposions ce que nous auons de plus precieux, comme sont les biens, la vie & l'honneur, de nous, des nostres, & de nos Amis.

3. Quelle brutalité peut-on con-

cevoir plus grande, que de voir quelqu'vn pratiquer cette action criminelle, sçachant qu'il n'y a aucune felicité pour luy aprés cette vie, & risquer tout d'vn coup, tous les biens desquels il pourroit iouyr en ce monde, encore plusieurs années.

Mais qui ne voit l'iniustice de ce procedé, en ce qu'vn homme qui a tenu ferme à la campagne, qui a arresté les ennemis, & les a obligé en mille rencontres de fuyr, que le feu n'a iamais fait reculer d'vn pas, & qui par sa sage conduite, a esté cause de la victoire de plusieurs batailles, est obligé de mettre en compromis sa reputation & sa vie, auec vn ieune fou, qui n'a

# PREFACE.

iamais veu d'autre camp, que la Sale d'vn Maistre d'Escrime, & dont le courage n'a autre soustien que l'agilité de son corps, la souplesse de son poignet, & la force de son bras.

Ie pourrois encor auancer, que les Nations les plus genereuses du monde, n'ont iamais baillé le nom de valeur à cette brutale ferocité. Les Grecs domteurs de l'Asie, ne l'ont pas connuë; les Romains ne luy ont sacrifié que la vie des criminels.

Bref, qui voudra faire reflexion sur la vie & la mort de ceux qui ont espanché le sang en semblables combats, & qui n'ont empesché ou puny semblables desordres, le pouuant & deuant faire, verra que la pluspart sont morts sans honneur, ont ruiné leurs familles, & que peu aprés elles se sont entierement esteintes.

De tout ce que dessus, ie conclus, que personne ne peut douter, que ce ne soit vne entreprise manifeste sur l'authorité de Dieu, vnique Arbitre de nos vies, & de nos morts: sur l'authorité de l'Eglise, & sur celle des autres Puissances de la terre; & quant & quant, que ce ne soit l'action la plus brutale que puisse pratiquer vn homme.

Il est aussi facile à conclure de ce que i'ay dit, qu'il n'est iamais permis de prendre des Seconds, & sacrifier la vie de deux innocens à

# PREFACE.

vos vengeances, & de faire le plus grand tort que vous puißiez à vostre amy, sans aucune necessité, ny bien-seance, si ce n'est peut-estre, comme il arriue ordinairement, qu'on se vueille appuyer d'vne meilleure espée que la sienne : car l'on prend d'ordinaire les plus adroits à ce dessein, & non pas les plus amys, afin par ce moyen, d'estre asseuré qu'on sera deux contre vn, qui est la plus honteuse lascheté, qui puisse estre entre personnes qui veulent qu'on croie qu'ils sont gens d'honneur.

## CHAPITRE VI.
### Remede à ce desordre.

L'Vnique que ie voye, est, que les Souuerains ne se contentent par Edicts, tant de fois reïterez sans effet, de deffendre telles brutalitez; mais que iamais, ny eux, ny les hauts Officiers, loüent quelqu'vn, pour s'estre battu, ou en fassent cas; mais plustost les en blasment & mesprisent serieusement, & mesme les punissent: & qu'au contraire, ils s'enquestent des bonnes actions, qu'ont fait dans l'employ & fonction de leurs charges, ceux qui s'y sont portez en gens de cœur, & les en recompensent liberalement.

## Chapitre VII.

### Quelles choses sont necessaires pour bien reüssir & s'auancer dans la profession des armes.

Trois : Le naturel, l'estude, & l'exercice. La Nature doit fournir l'inclination, qui est vn instinct secret, & vn poids interieur, né auec nous, qui nous porte à l'Art Militaire : car comme il n'est pas possible d'y reüssir, quand on s'y applique contre son Genie, aussi on y fait merueille, quand on y est porté d'inclination, & que la raison suit la pente de la Nature. De plus, il est besoin d'auoir le temperament fort & la complexion ferme & robuste, pour vaincre les difficultez des saisons, & les iniures du temps, pour suffire aux couruées continuelles & laborieuses; & sur tout à ce mouuement perpetuel, & à cette attention sans relasche, qui doiuent tousiours agiter, & tousiours bander l'ame d'vn homme de Guerre. La delicatesse du temperament, & les infirmitez du corps, en ont retardé plusieurs, que la promptitude & les eleuations de l'esprit, eussent menés bien haut, si elles n'eussent esté rabatuës.

La science de la Guerre, & la science des mœurs, sont aussi necessaires: car si vne personne n'a l'ame
tran-

tranquile, mesme dans l'employ des armes, le sens commun bon & solide, & le iugement rassis : & si la science & l'experience ne l'ont rendu capable de manier aussi bien les affaires Politiques, que d'executer quelque entreprise, il demeurera souuent sans employ, & dans la Sale d'vn General à iouër au tricquetrac, pendant que les autres entreront au cabinet, où se resoudront les affaires.

La science des mœurs est aussi tres-necessaire, pour corriger certaines inclinations ou méchantes habitudes qui sont contraires aux fonctions militaires, & empeschent qu'vn Prince ne confie l'execution d'vne affaire d'importance à ceux

B

qui s'en trouuent accueillis.

## Chapitre VIII.

## A quel âge il faut se ranger sous les armes.

ENuiron les 14. ans, parce qu'on ne se rebute iamais des trauaux esquels on s'est exercé de ieunesse. La quantité de sang qu'on a en cét âge, fait qu'on n'apprehende aucun peril, & l'experience, qui seule peut donner la science de la guerre, & la perfection à vn homme d'armes, ne peut estre, ny pleine ny consommée, si l'on n'est entré de bonne heure dans le mestier, si l'on n'y demeure long-temps, si l'on n'y a veu vn grand nombre, & grande varieté d'occasions, & si l'on n'y exerce quantité de fonctions fort differentes, à toutes lesquelles estant requis beaucoup de temps, il faut s'y ranger de bonne heure.

## Chapitre IX.
### Sommaire de tout l'Art Militaire.

L'Art militaire a cinq parties.

La 1. enseigne comme il faut bastir & fortifier toutes sortes de places.

La 2. declare comme il faut leuer & choisir des Soldats, les faire subsister, les dresser, les faire marcher, camper, loger, ranger, combatre, & faire retraite.

*La* 3. *comme il faut conseruer vne place, tant en paix que durant vn siege.*

*La* 4. *comment il faut assieger.*

*La* 5. *donne la composition, l'vsage & les effects des feux d'artifices & armes à feu.*

## Chapitre X.

## De quelles parties de Mathematique on doit estre pourueu pour ce dessein.

A Peine y en a-t'il aucune qui ne luy soit necessaire, ou qui ne luy donne de grands auantages, ou au moins d'agreables diuertissemens.

*L'Arithmetique luy enseigne à*

# PREFACE.

tenir bon compte & bon ordre, tant dans ses affaires domestiques, que dans celles que son Prince luy commet. Elle sert à dresser des bataillons, à former & distribuer les logemens d'vn camp, à supputer le nombre d'hommes, l'argent, & le temps qui est necessaire pour executer quelque dessein ou trauail.

La Geometrie luy apprend à mesurer les hauteurs d'vne tour, la largeur d'vne breche, ou d'vn fossé, l'angle d'vn bastion, à leuer iustement vn plan, ou le tracer sur terre, & mille autres choses d'importance.

La Mechanique fait dresser des machines, des ponts, des escheles, & tout ce qui est necessaire pour

# PREFACE.

ruiner & renuerser des trauaux, & sert grandement à vn General d'armée, pour distinguer entre les propositions d'vn Charlatan, qui ne sont soustenuës que de son impudente ignorance, & de l'authorité de quelque introducteur trop credule, & celles d'vn habile ingenieur, qui n'auance rien qui soit contraire à la nature, & qui propose des moyens qui paroissent possibles.

La Cosmographie & Geographie sont tres-agreables, tant pour voyager, qu'afin de parler pertinemment de ce qui se passe dans les Estats estrangers, & se sçauoir seruir des Cartes, pour bien conduire & loger des troupes.

# TRAITÉ DES FORTIFICATIONS.
## LIVRE PREMIER.

### CHAPITRE I.

*Explication des termes, dont on se sert parlant des Fortifications.*

VILLE est vne assemblée de plusieurs personnes pour viure sous mesmes Loix, & se deffendre contre ceux qui voudroient inquieter leur repos. Voyez la planche. D. 21. NOMBRE I.

Citadelle, est vne petite Cité, For-

B iiij

tereſſe ou Chaſteau, pour deffendre & garder quelque lieu, paſſage, ou place d'importance. D. 21. N. 2.

Reduit, eſt vn lieu auantageux, retranché du reſte de la place pour s'y retirer, en cas de ſurpriſe, & de là contenir, & reduire les bourgeois à faire leur deuoir, ou ſe deffendre contre les aſſaillans. D. 21. N. 4.

Chaſteau, eſt vne forteresse à l'antique, fermée de foſſez & de tours. D. 21. N. 3.

Donjon eſt le Reduit d'vn Chaſteau. D. 21. N. 3. 4.

Fortin, petit Fort, fort de campagne, ſont toutes forteresses, eſquelles les angles flanquez ſont diſtans entr'eux, moins de 120. toiſes, il ſe fait pour vn temps, afin de garder quelque paſſage ou lieu dangereux, ou dans quelque circonuallation. D. 16. 17. 18. 19. 20.

## FORTIFICATIONS.

Ville close, est vne place enuironnée de murailles, fortifiée ou non.

Place fortifiée, est vn lieu bien flanqué & bien couuert.

Place reguliere, est celle qui a les costez & les angles égaux, & les bastions ou pieces qui sont sur iceux, égaux, proportionnez & suffisans pour la deffendre. A. ix. x.

L'irreguliere, est celle où ces choses se trouuent inégales. B. 1. 2. 3.

Figure, est vn espace terminé, proposé à fortifier. D. 4. B. B. 6. B. B.

Toute figure prend son nom, ou du nombre des angles, ou des costez. De là viennent les noms Grecs de Trigone, Tetragone, Pentagone, Exagone, Eptagone, Octogone, Enneagone, Decagone, Endecagone, Dodecagone, Polygone, que nous disons en François, à trois 4. 5. 6. 7. 8. 9. 10. 11. 12. ou plusieurs angles, costez ou bastions. D. 4. B. B.

L'angle de la figure, est celuy qui se fait au centre de la place, par le concours des deux prochains rayons, tirez des angles de la figure. D. 4. BAB. Tout angle de la figure est saillant ou rentrant.

Angle saillant, est celuy qui sort hors de la place, & s'auance vers la campagne. B. 7. c. d. e. d. c. b.

Angle rentrant, est celuy qui se retire en dedans. B. 7. a. b. c.

Place d'Armes, est vn grand lieu qui est dans la ville, auquel viennent aboutir les principales ruës, & auquel les Soldats s'assemblent pour prendre l'ordre des gardes, receuoir les commandemens, ou pour faire exercice. D. 8. A.

Place d'Armes particuliere, est quelque place proche de chaque bastion, ou au pied du Rampar, où les

Soldats enuoyez de la grande place, pour aller au quartier destiné, releuer ceux qui sont en garde, ou rafraichir ceux qui combattent : les ruës aussi proches du rampar, où se font les retranchemens generaux, portent ce mesme nom. D. 8. 1. 1.

Rampar, est vne leuée de terre qui couure & enuironne la place. E. 1. R. B. E. 4. A. E.

Ses parties sont les Talus, interieur & exterieur, le terre-plain, la banquette, le parapet, & la berme.

Talu ou glacis est vne pente qu'on baille à vn terrain ou muraille, afin qu'elle aye plus de pied & de force pour se soustenir. E. 1. 2. T. B. H. P.

Terre-plain, est la partie du rampar qui est esgalement aplanie, pour le recul du canon, & le chemin des Soldats. E. 1. 1. e. 1. 2. z. T. E. 4. A. B.

Banquette, est vn ou plusieurs degrez ou relais d'vn pied & demy de haut, large de trois, pour hauſſer le mouſquetaire, lors que le parapet eſt trop haut. E. 3. B. C. E. 5. 2. 4.

Parapet, eſt vn mur ou terraſſe, eſleuée ſur vn rampar ou muraille, ou autre terme de quelque lieu qui ſe doit deffendre pour couurir les hommes & le canon de la place. E. 1. l. m. E. 4. b. d. g. h.

Embrazures, ſont les ouuertures des parapets par leſquels tire le canon. E. 2. a. c. c.

Merlon ou tremeau, eſt ce qui eſt entre-deux embrazures. E. 2. b. b.

Berme, eſt vne retraite d'vn pas ou enuiron, qu'on laiſſe entre le Parapet & le Talus exterieur du rampar, pour receuoir la terre du parapet, en cas qu'il ſoit ruiné, ou que la terre s'auale de ſoy-meſme : autres l'appellent barbe, relais, orteil

& pas de souris. E. 1. S.E.6. B.B.

Caualiers, sont terrasses esleuées sur le rampar, qui surpassent autant les autres ouurages, qu'vn Caualier fait vn homme de pied. G. 7. C. C. G. 9. 2. C.

Vn commandement, est la hauteur de neuf pieds, qu'vn lieu a par dessus vn autre. Il peut estre simple, composé, meurtrier & en precipice, de front, de courtine ou de reuers, qui voit la breche à dos.

Chemin des Rondes, est l'espace qui est entre le rampar & la muraille. E. 1. m.

Fausse-braye. E. 4. E. F. E. 2. est differente du chemin des rondes, en ce que le chemin des rondes est sur le rampar, n'est large que d'vne toise, & que son parapet n'est qu'vn gardefou, espais d'vn pied & demy, là où la fausse-braye est vn espace au pied du rampar ou muraille, large au moins de quatre toises, pour le recul du canon & passage des Soldats, & a de plus vn parapet à l'espreuue du canon, & souuent est plus basse que le niueau de la campagne, n'estant faite que pour empescher la trauerse du fossé, & receuoir les ruines que le canon fait dans le corps de la place.

Muraille est vne massonnerie qui se fait autour du terrain du rampar, de peur qu'il ne s'esboule. E. 2. 8. 9. G. 5. 4. 5.

Contre-forts ou esperons, sont certains piliers & parties de muraille, distans de quinze à vingt pieds les vns des autres, qui s'auancent le plus qu'on peut dans le terrain, qui se ioignent à la hauteur du cordon, par des voûtes ou arceaux pour soustenir le chemin des rondes, & partie du rampar, fortifier la muraille, & affermir le terrain. G. 8. 1. 2. 3. 4.

Chemife, eſt la ſolidité d'vne muraille à plomb, depuis ſon talus, iuſques au cordon. E. 2. H. 7.

Cordon, eſt vne bande de pierre arrondie, qu'on met où finit la muraille, & commence le parapet : il regne tout autour de la place : s'il n'eſt arrondy, on l'appelle plinte. E. 5. a.

Eſcarpe, eſt le talu ou pente, qu'on baille vers le foſsé à la muraille, pour ſe mieux ſouſtenir. E. 2. 8. 9.

Banquette, de ce nom auſſi, s'appelle vne retraite de deux pieds ou enuiron, qu'on fait de l'eſpaiſſeur des fondemens de la muraille en dehors, ſur le plan du foſsé. G. 8. a.

Contre-mine, eſt vne taillade, voûte, caueau voûté, ou allée qu'on fait au deſſous de la banquette, tout le long de la muraille, large de trois pieds, & haut de ſix, auec pluſieurs trous, qui vont iusques en haut, & iusques aux fondemens, pour empescher, comme on se persuadoit, l'effort des mines, & enleuer les ruines, qui rendent l'accés de la breche trop facile. G. 8. a.

Cascanes, sont certains puis, plus creux les vns que les autres, qu'on fait dans le retranchement du terreplain, proche la muraille, pour éuenter vne mine, ou bien que faisoient les assiegeans, lors qu'on minoit les places par dessous le fossé.

Courtine, est tout l'espace de la terrasse ou muraille, qui est entre deux bastions. G. 6. R. 5.

Pont-leuis, se font à fleches & à bacule. H. 3. H. 7.

Herse Sarrasine ou Cataracte, est vne contre-porte suspenduë, faite de grosses membrures de bois à quarreaux, pour empescher l'effort du petard,

petard, ou bien pour arrester vne surprise par sa cheute. H. 4. 2.

Orgues, sont de grosses pieces de bois, proche d'vn demy pied les vnes des autres, qu'on laisse tomber comme vne herce par des trous faits à la voûte, mais qui ne peuuent tous estre arrestez ou rompus facilement comme les herces. H. 4. 1.

Bacule est vne porte qui se leue en tresbuchet, auec vn contre-poids deuant les corps de garde, auancez deuant les portes, & est soustenu sur deux gros paux, hauts de quinze à seize pieds.

Pallissade, est vne rangée de paux, fort hauts, plantez prés l'vn de l'autre, auec des trauerses, à la premiere auenuë d'vne place : on en fait aussi au pied des bastions, courtines, & sur l'esplanade, pour empescher les surprises. G. 9. 4. F. 6. 7. 8.

C

Barrieres, sont de gros paux plantez à dix pieds l'vn de l'autre, hauts de quatre à cinq pieds, auec leur trauersiers, pour arrester ceux qui voudroient entrer auec violence, & où on fait dire à ceux qui se presentent, d'où ils viennent : Elles s'ouurent & ferment par fois, pour laisser passer les charettes & gens à cheual. H. 3. e. c. d.

Cheual de frise ou herisson, est vne sorte de barriere, faite d'vne poutre, armée de pointes de fer, ou de bons pieux de bois armés de fer au bout, qui tourne horizontalement, balancée & supportée par le milieu, sur vn gros pau, planté en terre, qu'on ouure & ferme selon le besoin. H. 4. 3.

Moulinet, est vne crois de bois, qui tourne horizontalement sur vn pau de bois, qui est à costé de la barriere, entre les bras de laquelle passent les gens de pied. H. 3. c.

## FORTIFICATIONS.

Baſtion, eſt vn grand corps fait de muraille, ou bien vne leuée de terre, diſposée en pointe, auec des faces & des flancs, baſty ſur vn angle ſaillant de la figure. D. 8. f.

Plate-forme, eſt toute piece de fortification, baſtie dans vn angle rentrant. B. 11. a.

Vileſe, ſe prend encores pour tout corps eſleué, aplany, & plus long que large. G. 4. a.

Rauelin, eſt vne piece de fortification, qui a des faces & des flancs comme vn baſtion, mais qui eſt baſtie dans vne courtine, & non pas ſur vn angle; les vns ſont attachez à la courtine. G. 4. B. les autres en ſont détachez. A. x11. B. B. ſi le lieu ne permet qu'on faſſe la fortification toute entiere, & n'en admette qu'vne moitié, on la nomme demy baſtion. B. 10. A. B.

Tenaille, eſt vne fortification qui

porte en teste vn angle rentrant, si elle n'a pas de flancs, elle s'appelle tenaille simple ou forces. D. 10. 1. si elle en a, on l'appellera tenaille flanquée. D. 12. 2.

Faces ou pans, sont les parties d'vn bastion, les plus auancées, qui sont opposées à la campagne. D. 8. E. C.

Angle flanqué, est la pointe comprise entre deux faces. D. 8. E. C. E.

Flanc, est la partie qui conioint la courtine à la face du bastion : Si elle tombe à plomb sur la face. D. 8. d. E. on la nomme flanc premier, si elle tombe à plomb sur la courtine, on la nomme flanc second. De present on confond ce mot de flanc second auec ce que nous appellons Feu.

Flanc fichant, est celuy dont les coups qui en sont tirez, peuuent se ficher & donner en ligne droicte, dans la face du bastion prochain, ce qui arriue lors que la deffense commence de la courtine. D. 8. 9. 10.

Flanc razant, est celuy de la conionction duquel auec la courtine, les coups qui en sont tirez razent la face du bastion voisin, ce qui arriue lors qu'on ne peut découurir la face que du seul flanc, & non de la courtine. D. 4. 5. 6.

Flanc couuert, est celuy dont la partie exterieure auance pour couurir celle qui est plus interieure. Si cette partie qui auance est arrondie, on l'appelle orillon. G. 6. si elle est droicte, on la nomme espaule. G. 7. G. 9.

La partie du flanc qu'occupe l'espaule ou orillon, estant plus haute que la partie reseruée au canon, on nomme cette partie, place basse, & celle qui est plus auant dans la demie gorge, place haute. G. 6. n. m. G. 7. b. a.

Case-mates, sont certaines voûtes qu'on faisoit autre-fois dans les flancs pour loger le canon, qu'on met de present dans les places basses.

Poterne est vne fausse porte qu'on fait auprez de l'orillon, ou au bas de la courtine, pour faire des sorties secretes.

La gorge du bastion est l'entrée du bastion vers la place: Elle se prend esgalement sur les costez de la figure D. 8. D. D. Sa moitié se nomme demie-gorge. D. 8. d. b.

Centre du bastion, est le rencontre de deux demies-gorges, ou bien de deux courtines, produites à l'infiny. D. 8. B.

Ligne capitale, est celle qui est tirée depuis l'angle de la figure, iusques à l'angle du bastion. D. 8. b. c.

Ligne de deffence, est celle qui se tire, depuis l'angle que fait le flanc auec la courtine, iufpues à la pointe du baftion opposé. D. 8. d. c.

Ligne razante, ou bien courte-ligne de deffence, eft la diftance prife du lieu, où on commence à defcouurir la face du baftion, opposé iufques à la pointe du baftion. D. 8. g. c.

Feu ou deffence, eft toute partie de laquelle on peut tirer & faire feu pour la deffence de quelque lieu, qu'on peut enfiler, razer, nettoyer, ou ficher. D. 8. g. d.

Dehors, font tous ouurages détachez de la place.

Demies-lunes, font pieces angulaires, qu'on met deuant vne courtine, vn baftion, ou vne corne, enuironnée de toutes parts d'vn fofsé en forme d'Ifle. D. 8. κ. A. XIIII. a. b.

Conferues, ou contre-gardes, font pieces triangulaires, en forme d'vn gros parapet, qui s'efleue du fofsé,

C iiij

deuant les faces & la pointe d'vn bastion pour les conseruer. D. 9. 10. G. G.

Cornes, sont dehors, qui auancent fort vers la campagne, & portent en teste vne tenaille ou deux demis bastions, en forme de cornes, qu'elles presentent à l'ennemy. D. 10. 12. 1. 2. A. XI. a. F. 1. 2.

Couronnement, sont certains ouurages desquels on enuironne les cornes. D. 13. a.

Fraise, est vne espece de pallissade, faite de pieux de bois sur le milieu, de la hauteur des faces de la place, ou des dehors de terre, vtiles pour découurir vne surprise de l'ennemy, ou afin que personne ne sorte de nuict de la place. E. 6. m.

Fossé, est l'espace creusé, entre la place & la campagne. E. 1. h. c. E. 2. 6. 7. 8. 9.

Cuuette, est vn petit fossé au mi-

# FORTIFICATIONS. 41

lieu du grand. E. 1. 2. a.

Contre-scarpe, est le talu ou penchant qu'on baille au bord du fossé, pour soustenir la terre de la campagne, de peur qu'elle ne s'éboule dans le fossé. E. 2. 6. 7.

Chemin couuert ou corridor, est vne espece de galerie, où vn chemin large, dressé sur la contre-scarpe, & couuert de l'esplanade. E. 2. 6. 6. E. 1. o. p. E. 3. A. B. F. G.

Esplanade, est vn rehaussement de terre, qui sert de parapet, couure le corridor, & va se perdre insensiblement dans la campagne. E. 1. 2. d. c. E. 3. D. C. E.

Redans, sont certaines retraites faites en forme de dents de scie, qui auancent dans l'esplanade, ou en lieux de difficile accés, ou autres, qu'on ne peut autrement flanquer. D. 8. K. L.

Profil, est vne section ou coupe perpendiculaire sur l'horizon, qui nous represente toutes les largeurs d'vne place. E. 1.1.2 E. 6.

Palissades, sont des pieux hauts de cinq à six pieds, qui par fois sont ferrez en haut d'vn fer à deux pointes, qu'on fiche souuent en l'exterieur de la forteresse, par fois au pied des courtines & rampars, & plus souuent sur l'esplanade, à deux ou trois pieds du corridor. F. 6. 7 G. 9. 4. E. 1. L. D.

Chandeliers, sont de hauts pieux de bois, qui seruent à soustenir des fascines, rameaux, planches, & semblables choses, dont on se sert pour empescher que l'ennemy ne voye ce qu'on fait derriere G. 9. 6.

Cheuaux de frise ou barricades, sont des arbres taillez à six faces, trauersez de bastons longs de demie pique, ferrez au bout, qu'on met en des

# FORTIFICATIONS.

paſſages ou bréches, pour retarder, tant la Caualerie que l'Infanterie: Ils ont pris leur nom de Groningue, ville de Friſe, où ils ſeruirent beaucoup. H. 4. 3.

Chauſſes-trappes, ſont fers à quatre pointes, de deux pouces de long, leſquels ont touſiours vne pointe en haut, quelque façon qu'on les iette; on s'en ſert aux bréches, foſſez, & autres lieux. G. 9. 5.

## Chapitre II.

### Deſſein general des Fortifications.

LA Fortification a pour but, de baſtir tellement vne place, que ceux qui y demeurent, ſoient en aſſurance, & que peu de perſonnes y puiſſent reſiſter à beaucoup d'Ennemis.

On vient à bout de ce dessein, en se flanquant, & en se couurant.

Flanquer vne place, est la bastir en sorte qu'il n'y ait aucune partie qui ne soit deffenduë, & de laquelle on ne puisse, auec auantage, frapper son Ennemy en flanc, à face & à dos, & l'obliger à se retirer : *vt qui scalas vel machinas voluerit admouere, non solùm à fronte, sed etiam à lateribus & prope à tergo veluti in sinum circumclusus opprimatur*, dit Vegece, *l. 4. c 2*.

Se bien couurir, est opposer à l'ennemy quelque corps, qui nous couure de luy, & soit capable de soustenir ses coups, auec peu de dommage.

Pour cette occasion, de present on brise la longueur des lignes & murailles, auec quantité d'angles, partie saillans, partie rentrans, afin que toutes les parties se flanquent & s'épaulent mutuelement, & que l'ennemy qui s'en approche, trouue les accés fermez de toutes parts.

A quoy ne prenoient garde les Anciens, lesquels bastissans des villes, ou des tours, preferoient la figure ronde, parce qu'elle estoit plus capable que toute autre de pareil contour, & parce qu'elle resistoit mieux aux Beliers & autres artifices, dont ceux qui attaquoient, se seruoient pour lors. La nature des choses arrondies & des voûtes, esquelles chaque pierre est bastie en coin, estant de tenir plus ferme, à proportion qu'elles sont plus chargées & pressées vers le centre.

## Chapitre III.

### Maximes.

1. Qv'il n'y ait aucun lieu, qui ne soit flanqué & veu de dedans la place.

2. Que la grande ligne de deffence ne soit plus longue de cent cinquante toises, ou deux cens pas; qui est l'espace dans lequel vn mousquet commun a plus de force qu'il n'en faut pour frapper asseurément vn homme, & le tuer.

3. Que la demie-gorge du bastion & chaque flanc, n'ait moins de dix-huict toises, ou vingt-vn pas.

4. Qu'en la pointe des bastions, soit vn angle droict, ou approchant de droict, & iamais vn obtus, ny vn moindre que soixante degrez.

5. Qu'vne place est meilleure, plus il y a de deffence, & moins de choses à deffendre.

6. Que toute la fortification soit à l'espreuue des armes de ceux ausquels on veut qu'elle puisse resister, & aye des parapets de matieres douces, & qui ne fassent point ou peu d'esclats.

7. Que les parties les plus proches du centre, soient plus hautes, & commandent aux plus esloignées.

## ESCLAIRCISSEMENT de ces Maximes.

### Chapitre IV.

*Pourquoy il ne doit y avoir aucun lieu en tout le contour d'vne place, qui ne soit flanqué ?*

La raison en est toute claire, parce que s'il y a quelque endroit qui soit tel, l'ennemy s'y attachant, le ruinera, & s'en emparera : puisque on ne peut, comme nous supposons, le voir & deffendre : & ne seruira de rien à cette place, d'estre bien fortifiée par tout autre endroit ; Nous voyons aussi que dans les Sieges reglez, l'ennemy ruinant par ses batteries, les parapets & les flancs, n'a autre dessein que de faire qu'vn Mineur puisse passer le fossé, & s'attacher à quelque lieu, d'où il ne soit apperceu de dedans la place. Car au mesme instant qu'il a fait vn trou pour se couurir, en moins de deux iours il fait vn fourneau, & reduit vne place à tel estat, que de ce moment, entre vne ville assiegée, & vne ville prise, il n'y a plus que huict ou dix iours de difference; Et c'est pour cette raison que Charles quint, & depuis luy, tous ont improuué les pointes des bastions arrondies, semblables à celles qui sont encor à Ausbourg & Padouë, & en quelques autres places que i'ay veuës; estant chose claire, qu'estant arrondies, elles ne peuuent estre entierement flanquées, & couurent l'ennemy.

CHAP.

## CHAPITRE V.

*Pourquoy la grande ligne de deffence ne doit estre plus longue que deux cens pas Geometriques.*

PArce qu'il importeroit peu qu'on vit l'ennemy de dedans la place, s'il estoit si fort esloigné que vous ne peussiez l'offencer de là, & luy dire efficacement par la bouche de vos armes, qu'il se retire. Or en cette matiere, quatre choses sont certaines. La 1. que la deffence se doit prendre du mousquet, & non du canon, d'autant que le canon demande trop de personnes pour estre seruy & executé, consomme beaucoup de munitions, est facilement démonté, difficilement restably, & ne peut entretenir vn feu

D

continuel. La 2. qu'vn mousquet commun, bien qu'il ne porte que 120. toises, de poinct en blác, il a toutefois de 200. pas Geometriques, beaucoup plus de force qu'il ne faut pour tuer vn homme. *Interualla turrium ita sunt facienda, vt ne longius sit alia ab alia sagittæ emissione qua hostes reijciantur*, dit Vitruue. l. 1. c. 5. Or personne n'a hanté les armées qui ne sçache, que plusieurs sont iournellement tuez de bien plus loing que de deux cens pas Geometriques. 3. Ie pourrois nommer plusieurs des meilleures places de l'Europe, tant en Allemagne, Italie, qu'en France & Flandres, en plusieurs bastions desquelles la grande ligne de deffence, a mesme plus de deux cens toises : & toute-fois ces villes ont soustenu les plus celebres Sieges de nos iours, & ou n'ont esté prises, ou bien ne l'ont esté pour ce subjet, & ces places sont de si haute consideration, & il y en a tant de telles, que celuy-là seroit tenu pour badin & sans experience, qui aprés telles instances, trouueroit à redire en ce point. Le seul déplaisir que ie craindrois de donner aux Gouuerneurs, qui m'ont fait l'honneur de me permettre de visiter leurs places, m'empesche de les nommer.

4. Il est certain que les dépenses en seront moindres de beaucoup; & qui voudroit se seruir des Mousquetons que Monsieur de Selincour Gentilhomme Picard, presenta au feu Roy à Amiens, durant le Siege d'Arras, lesquels portent trois cens pas Geometriques, de poinct en blanc, chargez d'vne bale grosse comme vn estœuf, ou vingt-cinq de mousquet, on feroit la moitié moins de bastions, & on auroit besoin de beaucoup moins de

Garnison. J'ay eu en main vn tel Mousqueton, & ne me sembloit plus pesant que les ordinaires.

## Chapitre VI.

### *Pourquoy la demie-gorge doit estre de vingt-vn pas.*

PArce que dans cét espace, il faut qu'il y ait place basse & place haute; c'est à dire, deux parapets, de quatre pas chacun, deux longueurs de canon, de cinq pas chacun, & faut encore de reste quelque espace pour donner entrée au canon, aux munitions, aux Soldats, & y pouuoir faire vn retranchement selon la necessité. A Cazal & semblables places Royales, on a baillé pour ce sujet vingt-huict pas, tant à la demie-gorge, qu'à chaque flanc.

## Chapitre VII.

*Pourquoy il faut donner 21. pas à chaque flanc.*

LA plus grande deffence d'vne place, se prenant de ses flancs, on a besoin de sept pas pour y loger deux pieces de canon, & n'en faut pas moins de quatorze, pour contenir de l'Infanterie, qui soit en nombre suffisant pour entretenir vn feu continuel durant vn assaut. Ceux de Hesdin en ont de vingt à vingt-huict. Cazal, vingt-sept. Ligourne, vingt-deux. Turin, vingt-vn. Amiens, vingt. Le Havre, dix-neuf. Metz, dix-sept. Moyenvic, dix-sept.

## Chapitre VIII.

*De la pointe des Bastions.*

Pour éclaircissement de la quatriéme maxime, ie dis, que l'angle droict est preferable à l'angle obtus en la pointe des bastions.

1. Parce qu'vn bastion qui aura cét angle, sera beaucoup plus capable qu'en ayant vn obtus, si on le fait sur la mesme gorge & les mesmes flancs.

2. D'autant que l'angle obtus fait que les faces des bastions sont fort grandes, & les courtines & les flancs fort petits : d'où s'ensuit qu'il y a peu de deffence, & vn grand espace à deffendre.

L'angle trop aigu & moindre de soixante degrez, est reietté de tous, parce qu'il n'a pas assez de corps pour resister à la violence du canon, qui luy rompt incontinent le nez, & comble le fossé; comme aussi parce que l'espace que contient vn angle & pointe estroite, n'est suffisant pour y loger le canon, & ceux qui combatent, ou pour y faire vn retranchement, en cas de besoin.

Les auantages de l'angle droict, ou peu moins que droict, sont; qu'il resiste tres-bien au canon; parce que toute la solidité de son corps, & specialement la longueur de ses faces se trouuent directement opposé aux batteries, qui se font ordinairement en croix, & à angle droict, pour estre plus violentes & auoir plus d'effet.

2. En telle fortification, la deffence se prend par fois, mesme du milieu de la courtine, & les flancs sont fort capables, & ne razent pas seulement la face des bastions, mais peuuent dé-

couurir dans la pointe, si on y fait bréche, & tirer à dos sur ceux qui voudroient y donner assaut, sans toute-fois que la solidité diminuë de beaucoup, si l'angle n'est moins que droit, que de dix à douze degrez.

Que si vous me dites qu'vn bastion qui a l'angle obtus & n'a point de gorge determinée, est bien plus capable que ceux à qui ie ne donne que de vingt-vn à trente pas de demie-gorge, & autant de flanc, auec vn angle droit. Ie respond, que cela peut estre vray, mais que celuy que nous proposons icy, n'est que trop grand pour ce qu'on en a affaire. Car dans son aire, on pourra à l'aise, ranger en bataille, plus de huict cens hommes, loger douze pieces de canon, & y faire encore de beaux retranchemens.

De plus, dans vn angle obtus

quand il est abbatu, il n'y a point d'espace où on puisse faire de retranchement, d'autant qu'on rencontre incontinent les batteries, & les faudroit ruiner.

Pour ce qui concerne les faces qui composent l'angle du bastion: Les Hollandois les font toutes longues d'enuiron quarante-huict toises, & posent cela comme principe ou maxime. Les François aiment mieux determiner les flancs & les gorges, d'autant qu'il importe peu qu'vne face soit plus longue ou plus courte: mais beaucoup si vn flanc ou vne gorge ne pouuoit fournir à ce pour quoy on en a affaire. On peut toute-fois dire en general, que plus il y a de bastions en vne place, les faces en seront plus petites. Par exemple, si l'exagone a cinquante-huict toises de face, le decagone n'en aura que cinquante-deux, quoy qu'ils ayent flancs & gorges égales.

De plus, les orilloms, s'il y en a, accroissent encores ces faces.

Celles de Ligourne ont cinquante toises.

Il y en a à Hesdin de cinquante à cinquante-quatre. Et à Cazal, il s'en voit encor de plus grandes.

## CHAPITRE IX.

### Des Maximes. 5. 6. & 7.

LA cinquiesme est si euidente de soy-mesme, qu'elle n'a besoin d'aucun éclaircissement.

La sixiesme, ne veut dire autre chose, sinon ce que le sens commun nous apprend, qu'il ne faut pas qu'vn Gentil-homme qui veut bastir vne maison aux champs, & la flanquer en sorte qu'vn sien ennemy, ou des trouppes qui marchent sans route & sans canon, ne luy puissent faire vn affront, & qu'auec ses domestiques, il se puisse deffendre, n'a besoin de donner à ses murs & parapets, les espaisseurs qu'on baille à vne place frontiere, qu'on bastit pour resister au canon de l'ennemy, ou à vne armée Royale.

Pour les parapets, en quelque lieu qu'on les fasse, il y faut employer la meilleure terre qu'on puisse auoir; autrement s'il s'y trouue des cailloux, ou du grauier, vn coup de canon donnant là dedans, toutes ces pierres, pour petites qu'elles soient, tuent, comme autant de bales de mousquet, tout ce qui se trouue en ce lieu, & ne permettent que personne demeure derriere.

C'est pour ce mesme sujet, qu'és places où il y a Fausse-braye, il n'est aucunement à propos, que le corps de la place soit reuestu de muraille, de peur que le canon batant la place, les esclats de la muraille ne tuent tout ce qui se trouueroit dãs la Fausse-braye.

La septiéme est aussi toute claire: La raison monstrant que plus l'ennemy sera veu & découuert de plusieurs endroits, plus il en sera incommodé. Seulement quelques-vns doutent, si les parapets de la fausse-braye doiuent estre plus hauts & commander à l'esplanade, & aux dehors : ma pensée est, qu'ouy, & qu'autrement elle sera fort peu vtile. Car auant que l'ennemy ait pris les dehors, & la contre-scarpe, elle est inutile à la place ; & lors que l'ennemy se sera emparé des dehors, si la fausse-braye est basse, elle sera commandée des dehors, & enfilée en plusieurs endroits: & partant inutile.

## CHAPITRE X.

*En quoy different les Fortifications de France, d'Italie, & de Hollande.*

BIen que tous les Intelligens de chaque nation, conuiennent en ce qui est de l'essence des fortifications, & admettent ce que nous auons dit, comme maximes generales, & loix fondamentales : les vns toute-fois, ayans obserué quelques particularités que les autres ont negligé, enfin ceux qui les ont consideré plus attentiuement, ont remarqué les choses suiuantes : sçauoir, que l'ancienne façon de France, pratiquée és places qu'on a fortifié, depuis François I. iusques à Louys XIII. s'assujetissoient, 1. à faire, ou vn angle droict, ou vn obtus, au dessus de cinq angles. 2. à ne prendre son feu & sa deffence que du flanc : & 3. à ne faire la ligne de deffence plus longue de six-vingts toises.

Les Hollandois veulent que la pointe des bastions, soit pour l'ordinaire, vn angle aigu, rarement vn droict, & iamais vn obtus, ny moindre de soixante degrez.

Qu'entre la courtine & les faces des bastions, il se trouue proportion de deux à trois, donnant pour ce sujet à la courtine, trente-six verges, qui font soixante & douze toises, & aux faces, vingt-quatre verges, ou quarante-huict toises : d'où sensuit, que les lignes exterieures des polygones, se trouuent d'enuiron quatre-vingts verges, & les interieures, de soixante.

Les Italiens admettent indifferemment toute sorte d'angles, plus grands que soixante, & prennent d'ordinaire la deffence du tiers, ou de la moitié de la courtine.

Celle que nous tenons de present en France, depuis que Dieu beniſſant les armes du Roy, l'experience nous a fait cognoiſtre quelles places d'Italie, d'Eſpagne, de Flandre, & d'Allemagne, nous ont donné plus de peine à emporter, nous n'admettõs plus que l'angle droict, au deſſus du cinquiéme angle. Nous prenõs le plus de feu que nous pouuons, tant du flanc que de la courtine, nous donnons à chacun des flancs, & des demies-gorges, de vingt-vn à trente pas Geometriques, & n'eſtimons point que la grande ligne de deffence, ſoit trop longue de deux cens pas, depuis que nous auons veu pluſieurs de nos Soldats & Officiers tuez, paſſé cét eſpace.

Et telles places ſe trouuent plus

capables que toutes autres de pareil contour, resistent mieux, coustent moins, & ramassent tout ce que les autres ont de bon.

## Chapitre XI.

### Cinq choses à considerer en toute Fortification.

POur se flanquer, & pour se couurir, & pour auoir vne cognoissance entiere d'vne place, il en faut sçauoir la situation, la figure, l'épaisseur, l'esleuation, & la matiere.

## Chapitre XII.

### De la Situation.

SVr ce sujet, ayez égard aux auis suiuans.

1. Qu'il ne faut iamais qu'vn Prince fortifie

fortifie des places qu'il n'en peut deffendre, ayant égard au nombre de ses subjets, & au reuenu de ses Estats.

2. Que telles fortifications se fassent en lieux necessaires, tels que sont les passages, les ports de mer, & les frontieres; tant pour empescher l'ennemy d'entrer sans frapper à la porte, que pour arrester auec peu de gens, la premiere fureur des Conquerans, & ruiner leur armée, auant qu'elle puisse desoler le dedans du Pays.

Celles qui sont au milieu d'vn Estat, doiuent estre rares, & en main seure, pour la retraite d'vn Prince, en cas de necessité.

3. Es lieux qu'il est necessaire d'en bastir, il faut prendre tous les auantages que peut donner la situation, & la nature du lieu, qui ne peut estre que plat, ferme, ou marécageux; sur

E

le sommet d'vne eminence, ou sur le panchant.

4. Qu'en quelque lieu que vous determinerez, il y ait de l'eau douce, qui ne puisse estre diuertie.

## Chapitre XIII.

### Auantages & desauantages qui arriuent de la situation d'vn lieu.

LEs places situées en haut, commandent au loin, empeschent les trauaux des ennemis, ont de l'auantage aux sorties, n'ont besoin que de peu de Soldats, & de peu de viures, & ioüissent d'vn bon air. Leurs defauts sont, que d'ordinaire elles manquent d'eau & de terre, ne peuuent deffendre leur escarpe, specialement si les parapets ont leur iuste épaisseur, sont difficilement rauitaillés, & sont peu propres au commerce de la vie Ciuile.

Les lieux moyens ne peuuent se fortifier, si on n'enferme les lieux qui les commandent, par le moyen de plusieurs cornes ou fortins, qu'on auance iusques-là : ou bien si on ne se couure, & si on n'oppose à tels commandemens de fortes trauerses, ou de puissans caualiers.

Les places qui sont en plaine campagne, sont tres-bonnes, d'autant qu'elles ont la commodité du charroy, l'estenduë de la campagne, la terre à plaisir, & on y peut faire tout ce que l'art & l'esprit peuuent fournir de preceptes & d'addresses ; & n'ont qu'vn mal : sçauoir, que ceux qui les assiegent, ont les mesmes auantages.

Celles qui sont proches de la mer,

sans estre commandées, & lesquelles la mer enuironne de son flus, en montant, & laisse à sec en son reflus, ne peuuent estre emportées que par surprise; tel est le mont Sainct Michel, en la planche. A. 11.

Les lieux marescageux sont tres-difficiles, & de grands cousts à assieger, mais aussi ils coustent beaucoup à fonder, à esleuer, & à trouuer de la terre, tant qu'il en faut, pour leur donner vne iuste hauteur & épaisseur ; sont pour l'ordinaire mal sains, & les munitions s'y gastent, si on n'apporte vn grand soin pour les conseruer.

Le terrain graueleux ne se soustient pas, n'a aucune liaison, & est grandement nuisible à ceux qu'il couure.

Le sablonneux est vn peu meilleur.

La terre à potier est preferable à toute autre, parce qu'elle se tranche

& manie comme de la paste, s'endurcit à merueille, & n'a besoin de grand talu.

## Chapitre XIV.

*Comment il se faut flanquer & couurir.*

POur arriuer au but qu'on pretend en se fortifiant, nous auons dit, qu'il faut se flanquer & se couurir. Pour se bien flanquer, selon les principes & maximes de l'art, il faut qu'il n'y ait aucun poinct en tout le contour de la figure, tant reguliere qu'irreguliere d'vne place, qui ne soit veu de dedans, & que la ligne de veuë, par laquelle on pretend se deffendre, ne soit plus longue de deux cens pas, comme nous auons dit & prouué cy-deuant.

Pour se bien couurir, il faut que les parties de la fortification ayent des épaisseurs & des hauteurs, ou eleuations suffisantes pour arrester la violence des armes de l'ennemy, & qu'il ne découure ceux qui deffendent la place, & ce qu'on desire de plus y conseruer.

Le plan enseigne la figure d'vne place, la longueur des lignes qui la composent, & la largeur des fondemens de chaque partie.

Le Profil ou coupe, nous baille les hauteurs, les largeurs, & les talus, que doit auoir chaque partie, pour bien couurir vne place.

Celuy donc qui sçaura bien tracer & leuer vn plan sur du papier, & sçaura bien faire vn profil, & executer l'vn & l'autre sur terre, sçaura tout ce que promet l'art des fortifications.

## CHAPITRE XV.

*Comment il faut tracer le plan d'vne place qu'on veut baſtir.*

PVisque le plan appellé des Grecs Icnographie, eſt la repreſentation de la figure, & eſpaiſſeur de quelque choſe, telle qu'elle paroiſtroit, ſi on l'eſleuoit, ou ſi on l'arrachoit de deſſus ſes fondemens, ou qu'on la coupaſt horizontalement : on peut faire & repreſenter le plan, tant d'vne place deſia baſtie, que d'vne qu'on veut baſtir ; Et ce tant ſur le papier, que ſur la terre.

## Chapitre XVI.

*Pratique pour tracer le premier & principal traict de la figure de quelque fortification.*

1. Tracez vn cercle, & le diuisez en autant de parties que vous desirez auoir de bastions, par les poincts B B. comme vous voyez és planches D. 4. 6. 8.

2. Conduisez du centre A. par les pointes de la figure B. des lignes infinies A. B. C.

3. Diuisez chaque costé de la figure B B. en six parties égales, & en donnez vne B D. de part & d'autre pour les demies-gorges, comme vous voyez en la planche D. 8.

4. Esleuez à plomb sur les poincts D. les flancs D E. & leur donnez la

grandeur des demies-gorges D B.

5. Conioignez les extremitez des flancs, par la ligne occulte E E. & en prenez la moitié F E. que vous transporterez de F. en C. cela fait DE. vous donnera les flancs: E C. les faces: D D. les courtines.

Pour le Pentagone & le quarré, voyez les planches D. 4. D. 6. & aprés que vous aurez esleué les flancs D E. tirez en blanc la ligne de deffence du bout de la courtine D. par l'extremité du flanc opposé E. pour auoir les faces E C.

Tenez aussi la mesme pratique au triangle regulier, mais ne baillez aux flancs que la moitié des demies-gorges, comme vous voyez en la planche D. 16. figure 3. ou les deux tiers, comme vous voyez en la planche C. 5.

Les Italiens qui ne se soucient pas tant d'auoir vn angle droict à la pointe de leurs baſtions, que d'auoir beaucoup de feu de la courtine, diuiſent cette courtine en trois, ſi la figure eſt au deſſous de neuf angles, ou par la moitié, ſi elle en a neuf ou plus, & de ce poinct, par l'extremité des flancs, tirent les faces de leurs baſtions.

Pour le quarré, afin d'auoir vn flanc fichant, ils ne luy baillent que quatre parties d'vne ſixieſme, diuiſée en cinq, & tirent leur face de la naiſſance du flanc oppoſé, comme auſſi au cinq angle, auquel ils donnent vne ſixiéme, tant au flanc, qu'à la demie-gorge, comme nous.

## Chapitre XVII.

*Bonté de cette pratique.*

IE prefere cette pratique à toutes les autres qui ont eſté auancées iuſques à preſent.

Parce que c'eſt la plus prompte, la plus facile, & la plus intelligible, & par laquelle vn Soldat qui a vn bon ſens commun, quoy qu'il ne ſçache, ny Arithmetique, ny Geometrie, & ne ſçache pas meſme lire, tracera plus promptement, & auſſi iuſtement vne Forterreſſe qu'vn autre, qui a paſſé pluſieurs années à calculer des ſinus, & reſoudre des triangles.

Car ſi ayant tracé ſa figure ſur le papier, ou ſur terre, vous luy conteſtez la bonté de ſon ouurage, ſa Logique naturelle luy mettra à l'inſtant cét argument en bouche, & vous dira : que cette fortification-là eſt tres-parfaite, en laquelle ſe trouuent ponctuelement obſeruées les maximes miſes cy-deſſus, & en laquelle il n'y a rien qui y contreuienne.

Que ſi vous luy niez que ſa beſogne ſoit telle, il prendra ſon equerre en main, & l'appliquant à la pointe de ses bastions, il vous monstrera qu'il n'y en a pas vn qui n'aye vn angle droict, ou tel que demande la quatriéme maxime.

De plus, auec son cordeau de vingt toises, il vous monstrera, que les flancs, les demies-gorges, & les lignes de deffence, ont la longueur que demandent les maximes troisiéme & seconde, & vous defiera de luy monstrer aucun poinct qui ne soit parfaitement veu & flanqué. Et tirera cette consequence, donc mon ouurage est tres-bon, & fait selon l'art, & n'y a rien qui y manque. Et de fait, ce n'est pas vne pratique seulement mechanique, mais vn raisonnement qui conclud aussi certainement que sçauroit faire aucun probleme d'Euclide: & vous dira aussi precisément à vn pied prés, auec son cordeau, la longueur de toutes les lignes, qu'vn Geometre sçaura faire, par la resolution de ses triangles: Et certes, si vous vous donnez le loisir de faire toutes les figures, depuis le quatre angle, iusques au douze, & par voye Geometrique, calculez tous les angles & les lignes, comme ont fait tous ceux qui ont imprimé des Fortifications depuis cinquante ans, & en composez vne table: Et d'autre part, mesurez auec voſtre equerre, voſtre regle, & voſtre compas, & quard de cercle, toutes ces mesmes figures composées par cette pratique, vous trouuerez par l'vne & par l'autre voye, les mesmes conséquences & mesures, si vous auez conuenu des mesmes principes, sçauoir de la longueur de la ligne de deffence, des flancs, des gorges; & cette pratique a encore cela d'excellent, qu'elle s'accommode à toutes sortes de places, grandes ou petites, Royales, ou forts de Campagne, sans qu'il soit besoin de changer de figure, puisque la mesme, faite pour vn fort de campagne, qui n'auroit que huict ou dix toises de flanc, vous peut aussi seruir pour vne de vingt, vingt-cinq, ou trente toises, si vous supposez que le flanc de vostre figure vaille autant, & que sur ce pied vous faciez vne échele, sur laquelle ces toises & pieds soient sensibles: car à l'instant vous voyez toutes vos parties creuës ou décreuës proportionellement: là où si en vostre chàbre vous auiez calculé à loisir, tous les angles & les lignes d'vne forteresse ou d'vn trauail, & que venant sur les lieux, par exemple, en quelque Isle, ou autre lieu contraint, vous trouuiez le terrain en quelque lieu plus court ou plus grand de sept ou huict toises que vous ne croyez, il faut derechef recommencer tout voſtre calcul, ou bien faire vn monſtre: là où en cette pratique, vous n'auez beſoin que d'accroiſtre ou diminuër voſtre échele à proportion requiſe. Ce que ie ne dis pas pour retirer de la Geometrie, ceux qui ont aſſez d'eſprit & de conſtance pour s'adonner à cette eſtude, qui ſeule peut donner la perfection à cét art que nous traitons, & le doit guider; mais afin de faire ſçauoir, qu'on peut auoir vne connoiſſance plus que mediocre des fortifications, quoy qu'on n'ait l'eſprit, ou le loiſir, d'apprendre la Geometrie. Afin toutesfois qu'ils ne ſoient priuez des aides de cette ſcience, & que ſans ſe donner la peine de meſurer ou calculer, ils ayent connoiſſance de la longueur de toutes les lignes, & de tous les angles qui ſe peuuent trouuer dans toutes les figures, depuis le triangle, iusques au douze angle. Ie ioindray icy deux tables, exactement calculées.

La premiere suppose le costé du Polygone de cent quatre-vingts toises, & par consequent la grande ligne de deffence vn peu plus grande, ou vn peu moindre. La seconde ne donne que six-vingts toises au costé de la figure, l'vne & l'autre est calculée sur les maximes, de present receuës en France. I'en adjouste vne troisiesme, calculée sur les Principes de Hollande; En la premiere & seconde, i'ay méprisé les fractions moindres d'vn pas Geometrique; En la 3. i'ay eu égard aux pieds & aux pouces.

On pourra se seruir de laquelle on voudra, pour tracer le premier & principal trait.

Ie ne m'arresteray point icy à démonstrer ces tables, 1. de peur de grossir

grossir ce traité, auquel i'espere que la brieueté donnera de l'agréement.
2. parce que tout Geometre, pourueu qu'il se souuienne de cinq ou six propositions scholiées ou corollaires de nostre petit Euclyde, les demonstrera facilement, & cela seroit inutile à ceux qui n'en ont la connoissance.

## Chapitre XVIII.

### Vsage desdites Tables.

1. Diuisez vne ligne telle qu'est A B. en la planche D. 8. en deux ou trois cens parties égales, ou en tãt qu'il vous plaira, cõme en D. 2.
2. Determinez-vous quelle pratique vous tiendrez, Françoise ou Hollandoise, & en prenez en main la table. D. 1. 2. 3.
3. Vous estant commandé de tracer

F

quelque place : par exemple, à six baſtions, choiſiſſez en voſtre table le nombre de ſix, qui eſt en la premiere ligne, & ſuiuez toutes les proportions & nombres contenus ſous ce nombre de ſix.

4. Voyant donc qu'en la ſeconde ligne de la premiere table, où eſt eſcrit ce mot, Rayon, vous trouuez cent quatre-vingts toiſes, leués auec voſtre compas cent quatre-vingts parties de voſtre ligne diuiſée, & poſant vn des pieds du compas au centre A. tracez le cercle A B B.

5. Afin de le diuiſer en ſix, puis qu'en la ligne où vous liſez, coſté du polygone, vous trouuez cent quatre-vingts parties, prenez ce nombre : le tranſportant ſix fois ſur le contour de voſtre cercle, vous le trouuerez diuiſé en ſix parties égales, és poincts B. que vous conioindrez par les lignes B B.

qui vous donneront les costez de la figure.

6. Du centre A. par les angles B. tirez des lignes infinies: & puisque dans la ligne qui porte escrit, ligne capitale, vous trouuez qu'elle doit auoir 52. toises, prenez ce nombre de parties, & le transportez de B. en C.

Pour la ligne de la demie-gorge, prenez les trente toises que vous y trouuez, & les posez du poinct B. au poinct D. sur tous lesquels vous dresserez des lignes à plomb, esquelles vous donnerez depuis D. iusques en E. trente toises pour le flanc, ainsi qu'il est porté en la ligne qui en declare la quantité.

Ayant tous ces poincts marquez, si vous conioignez les deux poincts D D. auec vne ligne droicte: D D. vous donnera la courtine: D E. le flanc: E C. la face, & par ainsi le promier & principal traict de vostre fortification sera accomply, & toutes les maximes s'y trouueront gardées.

## Chapitre XIX.

*Comment il faut tracer le plan des principales parties interieures d'vne place.*

Tirez vne ligne parallele au premier trait, qui en soit distante d'vne toise, pour le chemin des rondes: comme vous voyez en la planche D. 8. puis vne autre H H. parallele aux seules courtines, distante du premier trait, d'autant de pas que vous en aurez donné au flanc, cette distance vous baillera l'épaisseur du Rampar.

Vous en ferez encore vne autre I L. distante de dix toises de la precedente, pour vne ruë ou place d'armes, qui doit estre au pied du Rampar, en laquelle aboutissent les ruës, tirées de la grande place d'armes, que vous ferez au centre de la place, luy donnant vingt-cinq ou trente toises de rayon, ou plus, selon le nombre des bastions, & vous l'enuironnerez de lignes paralleles aux courtines.

Ce sera assez de donner trois toises aux petites ruës, & cinq ou six aux grandes. On les tire droict à la gorge des bastions, ou au milieu des courtines, & quelques-vnes trauersantes.

## CHAPITRE XX.

*Comment il faut tracer le plan de tout ce qui est dehors, depuis les murailles de la place.*

PAr ce mot de dehors, i'entens tout ce qui est hors les murailles de la place, tels que sont les fossez, les chemins couuerts de leur esplanade, les demies-lunes, les conserues, & les cornes.

Les fossez seront tirez de quinze à trente pas de largeur, ou bien à la grandeur des flancs de la place, par des lignes L K. paralleles à la face des bastions; Voyez les planches D.5.D.8. Aux places toutesfois qui ont plus de huict bastions, il faut les tirer en sorte qu'elles regardent le milieu du flanc, afin que les contre-scarpes en puissent tirer leur deffence.

Que si vous desirez y faire vn chemin couuert de son esplanade, vous tracerez encore deux lignes, l'vne éloignée de la precedente, de deux à quatre toises pour le chemin couuert, M N. & l'autre O P. à dix ou douze toises de celle-cy pour l'esplanade, comme se void en la planche D.5. Au cuns font ce chemin couuert, dentelé de plusieurs pointes ou esperons, qui auancent dans l'esplanade, ou bien y font des Redans en dents de scie, la saillie desquels est du quart de leur branches : ce qui se fait de peur qu'il ne puisse estre enfilé. Voyez les planches. D. 8. D. 21.

Pour faire des demies-lunes, qui couurent les courtines & les flancs des bastions, ouurez vostre compas de la longueur de la courtine D D. en la planche D. 7. & arrestant l'vne des iambes sur chacune de ses extremitez D. tracez de l'autre deux courbes de cercle, & du poinct Q. où ils se couperont, posez la regle iusques à l'extremité des flancs E. ou à deux toises de part & d'autre sur les faces des bastions, & tirez des lignes iusques au rencontre des contre-scarpes du grand fossé, telles lignes Q R. vous

F iiij

donneront les faces de vos demies-lunes, lesquelles il faudra enuironner d'vn fossé, qui n'aura que la moitié ou les deux tiers de la largeur du grand fossé; pour cét effet vous tirerez des lignes paralleles aux faces, & à deux ou quatre toises d'icelles, vne autre ligne pour le chemin couuert, qui aura aussi son esplanade, large de dix à douze toises, voyez D. 7. n. 5. p. t.

Si vous faites des demies-lunes à la pointe des bastions, souuenez-vous de les arrondir en dedans, en forme de croissant, le centre duquel sera en l'extremité du bastion, & l'interualle sera la largeur du fossé, & leur donner en outre, de petits flancs de cinq à six toises. Les faces en sont d'ordinaire paralleles à celles du bastion, comme il se void à Dame, Couuorde, & Grolle; voyez leur plan és planches, A. 12. 13. 14. D'autres afin qu'elles soient mieux deffenduës, tiennent l'angle vn peu plus aigu. On leur baille vn fofsé, coridor, & esplanade, de mesme qu'aux autres.

En quelques lieux, au lieu de Demies-lunes, ils ne font qu'vn bon Parapet sans flancs, au mesme lieu deuant le baftion, & l'appellent, Cōferue du baftion. Vous en voyez le modelle és desseins de l'hexagone & eptagone. D. 9. D. 10. Et n'est different d'vne demie-lune, sinon que les faces interieures & exterieures sont paralleles à la face du baftion, & que l'interieure n'est point arrondie, mais retient la figure & le trait de la contrescarpe, sur laquelle cette piece est establie, elle a son chemin couuert comme les autres ouurages.

Voicy comme vous ferez des Ouurages à corne qui couurent la courtine, dans la planche D. 8.

Produisez de part & d'autre les flancs D E. de vos bastions, à l'infiny, auec des lignes blanches. Prenez sur ces lignes quatre-vingts toises au delà des contre-scarpes du grand fossé, du poinct T. iusques en V. & les conioignez auec vne ligne parallele à la courtine de la place. Diuisez également cette ligne en trois ou quatre parties, & en baillez vn tiers ou vn quart v x. de part & d'autre, pour les demies-gorges, & le reste x x. pour la courtine. Sur ces extremitez éleuez à plomb deux flancs, de huict à dix toises chacun x y. & posant la regle du milieu de la courtine, ou de la naissance de l'vn des flancs x. iusques au sommet de celuy qui luy est opposé en y. tirez les faces y z. iusques au rencontre des branches т v. prolongées en z. & ainsi deux demis bastions se trouueront formez pour la teſte de la corne. Que ſi la nature du lieu vous oblige à prolonger les branches de la corne, plus que la portée du mouſquet, du lieu qui la doit deffendre, faites en lieu conuenable vne retraite de part & d'autre, de dix à douze toiſes, qui ſerue pour flanquer les parties les plus eſloignées, ou comme vous voyez en la planche C. 2. ou faites-y vn baſtion de part & d'autre F. 4. Ou bien, ce que ie iuge le meilleur, faites deux cornes, l'vne deuant l'autre, & que la plus eſloignée, prenne ſon feu du milieu des faces des demis-baſtions de la premiere, comme vous voyez en C. 2.

Finalement, vous enuironnerez tout cét ouurage d'vn foſſé, qui n'aura de large que la moitié du grand, bien que le chemin couuert & l'eſplanade aye ſa largeur égale à celles de la place.

Que si vous desirez y faire des demies-lunes, vous y en pouuez faire, tant deuant la courtine, qu'au droict de la pointe des bastions, auec la mesme pratique que vous auez tracé celles du corps de la place. Voyez les planches F. 2. F. 3.

Les couronnemens se font en mille façons, plusieurs deuant la teste de la corne, font vn bastion au milieu, puis deux courtines & deux demis bastions, comme vous voyez és planches B. 2. D. 13.

L'experience a fait connoistre que le meilleur Couronnement qu'on luy puisse bailler, est vn double fossé, chemin couuert, & esplanadé tout autour. F. 2.

La veuë seule des meilleurs ouurages que i'ay connu, & que ie vous fournis dans mes desseins, vous declare mieux que ne sçauroit faire vn long

FORTIFICATIONS. 93

discours, les places & les differentes façons, qu'on peut tracer des dehors, & est difficile d'en trouuer d'autres ou de meilleurs, que ceux que vous y verrez, depuis la planche D. 4. iusques à D. 15.

## CHAPITRE XXI.

*Comment il faut prendre un plan Geometrique.*

C'Est vne folie de penser pouuoir auec iustesse, prendre le plan Geometrique d'vne ville auec des lunettes d'approche, auec des miroirs, auec des planchettes par le moyen de deux stations, desquelles la distance est connuë, & desquelles on peut découurir vne place ; telles & semblables inuentions sont bonnes pour des plans en Perspectiue, mais non point

Géométrique, qui doit marquer toutes les mesures de chaque partie au vray.

Le moyen vnique, sur lequel on peut s'asseurer, est de mesurer tous les angles, auec quelque instrument bien gradué, & le plus grand qu'on pourra: & prendre en main la toise, ou la chaisne, pour connoistre au certain, la quantité de chaque angle, & la longueur de chaque ligne, & reseruer sur vn morceau de papier, toutes les mesures que vous aurez trouué.

Voicy l'ordre qu'il faut tenir.

S'il vous faut leuer le plan d'vn lieu, qui ne soit embarassé, ny dedans ny dehors, & que la figure en soit rectiligne. Diuisez-la toute en triangles, & commençant par le lieu qu'il vous plaira, comme A. en la planche D. 21. mesurez la ligne A B. & trouuant qu'elle a six-vingts toises, prenez vn papier, tracez-y vne ligne, & y marquez le mesme nombre: mesurez puis aprés le costé A E. & tirez à veuë d'œil vne autre ligne, & y posez le nombre trouué quatre cens vingt: cela fait, mesurez la ligne E B. qui sera la base du triangle B A E. & en faites autant dans vostre papier; faites le mesme des costez B C. C D. & des autres consecutiuement, tant que vous reueniez au poinct A.

Tout cela preparé de la sorte, estant chez vous, tracez sur le papier où vous voulez faire vostre plan, vne eschele à discretion, diuisée en quatre cens, ou tant de parties proportionelles qu'il vous plaira, puis décriuez autant de triangles que porte vostre memoire, & qui ayent les costez d'autant de toises que ceux ausquels ils se rapportent, & vous aurez le plan parfait, & vne figure entierement semblable à celle que vous vous estes proposé, comme il se peut démonstrer par la 22. proposition du Liure 1. des Elemens d'Euclide, & la 4. du 6.

Que si la place se trouue empeschée, comme elle l'est d'ordinaire. Faites planter droict des Piques à tous les angles de la place, de laquelle vous desirez leuer le plan, mesurez toutes les lignes du contour de la place, de laquelle vous desirez leuer le plan, & tous les angles, l'vn aprés l'autre, & marquez exactement ce que vous trouuerez dans le memoire, tant de la longueur des lignes, que de la quantité des angles.

### EXEMPLE.

Dans la mesme planche D. 2L Ayant l'œil en A. ie dresse les pinules de mon instrument vers B. & vers E. & trouuant que l'angle BAE. est droict, ie marque sur mon papier 90. puis

puis ie mesure la ligne A B. que ie trouue estre de six-vingts toises, & de la ligne A E. de quatre-cens vingt, dont ie charge mon papier.

Puis ie transporte mon instrument en B. & trouue que l'angle A B C. est de cent six, & la ligne B C. de trois cens. Ie marque l'vn & l'autre.

Troisiesmement, l'instrument posé en C. me marque l'angle B C D. de six-vingts degrez, & la chaisne me dit que la ligne C D. est de cent quatre-vingt toises : Ie trouue pareillement que l'angle C D E. est de cent vingt-quatre, & la ligne D E. de cent, que l'angle D E A. est de cent, & la ligne E A. de quatre cens vingt.

Vostre memoire estant chargée de toutes ces mesures, retirez-vous, & à loisir, faites vne échele d'autant de parties proportionelles au moins, que contient de toises la plus lon-

G

gue des lignes que vous aurez en vostre memoire, & sur le papier que vous aurez preparé, tirez vne ligne qui aye autant de petites parties que vous auez trouué qu'en auoit A B. Faites en ce mesme poinct A. vn angle égal à vostre premier angle B A E. & poursuiuez de la sorte, iusques à ce que veniez rencontrer le poinct A. auquel vous auiez commencé, & voilà vostre plan fait.

Que si vos lignes ne se rencontrent iustemét en vn mesme point, ne vous en estonnez pas : car il n'est pas possible, que l'operation suiue la iustesse de la science. Vne mesme ligne, ou vn mesme angle, mesuré par diuerses personnes, ou par la mesme, à diuerses fois, se trouuera rarement égal à soy-mesme. : & partant contentez-vous d'operer le plus iustement que vous pourrez : du reste, aydez à la lettre, &

# FORTIFICATIONS.

ioignez vos lignes le plus raisonablement que vous pourrez, gaignât quelque peu sur chaque angle ou ligne.

## CHAPITRE XXII.

*Moyen pour cognoistre de combien on a manqué en leuant vn plan.*

ADjoustez en vne somme, la valeur de tous les angles marquez en vostre memoire, comme s'ensuit de l'operation precedente, de la planche D. 21.

```
 90
106
120
124
100
----
540
```

Secondement, puisque tous les angles de vostre figure sont saillans, prenez autant de fois, deux fois nonante que vous auez d'angles, c'est à dire, ayāt en nostre exemple, cinq angles, prenez dix fois 90. qui font 900.

Troisiesmement, de ce produit ostez-en quatre angles droicts, c'est à dire, trois cens soixante degrez: Si ce nombre deduit de neuf cens, la somme qui reste se trouue égale au produit de tous les angles mis en vn, l'operation a esté iuste: si moins, la difference de l'vn à l'autre, marque la faute qui s'y est faite. Restant donc icy, tant de l'vn que de l'autre, cinq cens quarante, tout va bien.

Que s'il y a quelque angle rentrant, il faut oster sa valeur du nombre de cent quatre-vingts, adjouster son complement aux autres angles, & operer comme deuant, & au lieu de deux lignes qui composent l'angle rentrant, n'en receuoir qu'vne.

La preuue de tout cecy se tire du scholie que nous auons mis en la trente-deuxiesme propositiõ du premier des Elemens de nostre Euclide.

Quelques-vns pour prendre les angles, se seruent d'vne boussole, qui porte vn cercle diuisé : mais i'estime que cette façon est tres-fautiue, à cause d'vne infinité d'accidens qui arriuent à l'aiguille aimantée qui y est.

Que si dans la place, il se trouue quelque piece ronde, il en faudra trouuer le centre par trois poincts donnez, deux desquels seront les extremitez des lignes droictes voisines, & le troisiesme sera pris à discretion dans la circonference.

## Chapitre XXIII.

*Comment il faut transporter vn plan, & le tracer sur le terrain.*

VN plan vous estant mis en main pour l'executer, & le tracer sur le terrain : Premierement, vous connoistrez la quantité de toutes les lignes, & de tous les angles, celle des lignes par le calcul Geometrique, si vous en sçauez l'art, ou par le rapport que vous en ferez sur l'eschele du plan; celle des angles par le mesme calcul, ou bien par l'explication ou rapport que vous en ferez sur vn demy cercle de corne, d'airain, ou autre matiere, exactement diuisé en cent quatre-vingts degrez.

Secondement, vous preparerez quantité de piquets de bois, vne chainette de fer, ou autre mesure certaine, vne boussole, vn graphometre, & principalemét vn recipiangle ou faux equerre, qui aye dix ou douze pieds de rayon, qui puisse s'ouurir à tel angle qu'il vous plaira, ou tel autre instrument propre à mesurer vn angle.

Troisiesmement, ayez chez vous vn cordeau ou vne chaisnette, pour prendre la longueur de toutes les lignes prescriptes dans le plan: & à chaque angle, faites vn nœud, & attachez-y vn étiquette de parchemin, qui porte le nom de la quantité de l'angle; & de plus, à l'extremité des deux cordeaux vous y en adiousterez vn troisiesme de la longueur de la base du triangle, qui soustient l'angle que vous voulez tracer.

4. Chaque triangle estant disposé de la sorte sur vn cordeau, & le tout bien concerté auec deux ou trois qui vous assisteront, transportez-vous au lieu destiné, & aprés auoir pris auec vne boussole la situation de l'angle, que trois personnes en mesme temps estendent le triangle de corde, & le roidissent tant qu'ils pourront, du commencement par le milieu de la corde, si les costez sont trop longs, puis par les extremitez: ce triangle

estant tendu & roidy, vous appliquerez derechef aux angles voſtre recipiangle, ou graphometre, ouuert d'autant de degtez qu'en porte l'étiquette, & auec la chaiſnette ou toiſe, meſurerez chaque coſté, & verrez s'ils ont les longueurs demandées, & ſi l'angle eſt tel qu'il doit eſtre.

Tout cela ſe trouuant bien, plantez des piquets tout le long de ces cordeaux, ou y faites vn ſillon auec vne charruë, qui eſt le plus court, & le plus vſité; Cette meſme pratique ſeruira pour les foſſez, dehors, fortins, redoutes, tranchées, ou tels trauaux, qu'on voudra faire, n'y ayant aucune figure rectiligne qui ne puiſſe ſe reſoudre en triangle : & quiconque peut tracer vn angle donné, & vne ligne d'vne certaine longueur, peut faire ſur terre tout tel trauail qu'on luy voudra preſcrire. Ce que ie dis qu'il faut faire auec vn cordeau, se peut faire aussi sans cordeau, traçant l'angle auec vn recipiangle, ou tel instrument qu'on voudra, & les lignes par des rayons de veuë, guidez par des pinules, ou bien auec vne boussole, & mille autres façons: mais la plus iuste & la plus prompte est celle du cordeau.

## Chapitre XXIV.

### Des Figures Irregulieres.

POur fortifier vne place irreguliere, c'est à dire, qui a les angles & les costez inégaux, il faut auant toutes choses, en tirer le plan au iuste.

2. Reconnoistre parfaitement la qualité de l'assiete, tant du lieu propre, que de ceux qui sont à l'entour, tels que sont des eminences, des ma-

rets, des terres labourables, bastimens, & choses semblables.

3. Le temps qu'il y a pour mettre à chef vn tel ouurage.

4. Le monde qu'il y a pour deffendre tels ouurages.

5. La dépence qu'on y peut faire, & le monde que vous auez pour y trauailler.

Si on est grandement pressé, il faut faire vn bon chemin couuert, qui se flanque parfaitement, & qui ne puisse estre enfilé, ou mesme deux, si on peut, l'vn deuant l'autre, auec quelques pallissades. Il n'y a aucun ouurage qui soit si promptement fait, ny qui fasse plus de dommage à l'ennemy, pourueu qu'il y aye dans la place, vn bon nombre de gens de cœur, pour les border & deffendre.

S'il y a plus de temps, il faut creuser les fossez, & de la terre en faire des parapets de iuste épaisseur, des demies-lunes, rauelins, cornes, & semblables ouurages, ne laissant aucun lieu de la place, qui ne soit flanqué & couuert.

Si on a le temps & toutes choses à souhait, on sçaura le contour de la place, qu'on diuisera par six-vingt, cent-cinquante, ou cent quatre-vingts, ou par tel autre nombre de pas qu'on voudra qu'vn bastion soit distant de l'autre, prenant bien garde à les poser en lieux conuenables, à se seruir le plus qu'on pourra des vieilles murailles, pour éuiter les despences qui ne sont necessaires ; à se seruir des endroicts auantageux, & esquiuer ceux qui sont nuisibles. Et finalement, à ne s'écarter iamais des principes generaux de la fortification.

Et d'autant que tout lieu qu'on vous peut proposer pour fortifier, est composé, ou d'vne ligne droicte ou courbe, ou meslée, connoissez exactement la grandeur de chaque angle, & de chaque ligne, & vous seruez des auis suiuans.

Si la ligne proposée n'est que de vingt-cinq à trente pas, ou enuiron, il faudra employer tout cét espace pour faire vne demie-gorge, & prendre l'autre sur la ligne voisine selon le besoin qu'on en aura.

Sur vne face de cinquante à soixante pas, on fera vne gorge entiere.

Sur vne de quatre-vingt ou cent pas, on prendra les gorges entieres sur les faces suiuantes, comme i'ay fait en D. 21. d. e.

Sur vne face qui seroit de cinquante à soixante pas, ou mesme de cent pas, plus qu'vne iuste ligne de deffence, on auisera, si prenant la gorge entiere des bastions qui seroient aux extremitez, cela suffiroit. Voyez ce que i'ay fait en D. 21. D. c.

Si elle est de trois ou quatre cens pas, on fera vn rauelin au milieu D. 21. m. m. si elle est de cinq cens ou plus, on en fera deux, ou tant qu'il sera besoin, afin que les lignes de deffence soient de iuste longueur.

Sur vn angle obtus, ou approchant de six-vingts degrez, vous ferez vn bastion comme à l'exagone D. 21. e. sur des angles égaux à celuy du Carré du Pentagone, Eptagone, ou autre, on les fortifiera, suiuant les regles de telles figures. A. E.

Que si les faces ne permettent qu'on les fortifie à la Françoise, seruez-vous des pratiques Italiennes ou Hollandoises, & diminuez l'angle flanqué, à tel si que iamais il ne soit moindre de soixante degrez, ny les flancs & la gorge de dix-huict à vingt pas chacun. Es triangles, ou bien sur vn angle moindre de soixante, il est à propos de le retirer, & y faire vne tenaille dans les faces. Voyez D. 17.

Dans vn angle rentrant, pourueu que les costez n'excedent la portée du mousquet, on fera vne tenaille dans l'angle, & deux demis bastions en l'extremité des faces: Si les faces excedent la portée du mousquet, on fera des plates-formes dans l'angle, & on les fera auancer tant qu'il suffira, afin que le reste de la face soit à la portée du mousquet.

Si la plate-forme ne suffit, on fera des Redans dans les faces qui en auront besoin, ou bien on enfermera dans la place, l'encogneure, par le moyen d'vne ligne droicte qu'on fortifiera.

Si la place est commandée, on fera vn double parapet, ou bien des tra-

…erses, afin de couurir les Soldats, & …mpescher que les lieux commandez …e soient enfilez.

On pourra aussi escarper à plomb …e commandement, & bastir proche de là, quelque fortification.

## Chapitre XXV.

*Des Places basties en triangle.*

DE toutes les figures qu'on peut bailler à vne place, la pire est la triangulaire; parce que la pointe des bastiõs en est tres-foible; parce qu'elles coustent beaucoup: & parce qu'elles sont moins capables qu'aucune autre de pareil contour; & partant il ne s'en faut seruir que lors qu'il se trouue quelque rocher, quelque Isle, ou autre lieu fort auantageux, qui ne peut receuoir autre fortification.

Il faut toutesfois bien distinguer entre vne place triangulaire, & vne place qui ne peut admettre que trois bastions ; i'ay mis dans nos plans, quantité de places d'vne & d'autre façon, qui sont tenuës pour des meilleures de l'Europe, quoy qu'elles ayent cette figure : telles que sont Gomorre en Hongrie, C. 1. L'vn des Dardanelles ou Chasteaux qui sont au Destroict de l'Hellespont, auant qu'arriuer à Constantinople, A. 3. Le Sas de Gand, B. 1. Breda en Hollande, B. 2. & Clermont en Lorraine, C. 2.

Ils ne sont nulle part plus commodes, qu'à l'entrée d'vn Havre. Le mole de Ligourne est de cette nature. C. 3.

Voicy les meilleures methodes qu'on peut tenir pour les fortifier.

Si les triangles se trouuent sur quel-

quelque rocher estroit, qui soit fort d'assiete, il faut vser de retraite, amoindrissant les angles d'vn quart, afin de faire au milieu des esperons qui flanquent les pointes, comme vous voyez en la planche D. 16. nombre 1. Et faudra pour lors escarper le plus droict qu'on pourra, tout ce qui n'est occupé ou commandé de la fortification.

2. Faites au milieu des costez du triangle des bastions à angle droict, donnant quinze pas si vous pouuez aux demies-gorges, & autant aux flancs, comme i'ay fait en la mesme planche, au nombre 2.

3. Si le costé du triangle donné, n'est plus long de cent cinquante pas, diuisez-le en cinq ou six, & en donnez vne partie à la demie-gorge, vne demie au flanc, & pour auoir les faces, commencez la ligne de deffence à la

H

naissance du flanc opposé, & posant la regle de D. en E. tirez la face E C. comme vous voyez en la 3. Figure.

4. Divisez l'vn des costez A A. en cinq parties, l'vne sera la demie-gorge A D. le flanc D C. en aura autant, la ligne de deffence E F. commencera à deux parties F. loin du flanc D. & se tirera par l'extremité du flanc C. iusques au rencontre de l'autre costé, prolongé en E. comme il se void en la Figure 4.

5. Divisez chaque costé A A. en huict parties, donnez-en deux à la demie-gorge A B. & vne au flanc B C. Tirez vne ligne infinie C A G. par les extremitez du flanc C. & du triangle A. Divisez la courtine B B en trois, & du tiers D. par l'extremité du flanc C. tirez la ligne de deffence iusques au rencontre de la ligne C A G.

De plus, tirez d'vne moitié de gorge E. iusques à l'autre, vne petite courtine E E. & y esleuez à plomb les deux flancs E F. ausquels vous ferez des orillons, si vous iugez à propos.

6. Si le triangle est obtus, on prendra vingt-cinq pas pour les demies-gorges, & autant pour les flancs, sur l'angle obtus on fera vn bastion, & sur les deux aigus deux demis, & la deffence ne commencera que des flancs; sur le milieu de l'autre costé on fera vn rauelin rectangle de vingt-cinq pas de flanc, & de demie-gorge. Voyez la Figure 6.

## Chapitre XXVI.

### Des Forts de Campagne.

ON les fait d'ordinaire quarrez. Ceux qui n'ont aucuns flancs se nommét Redoutes. Voyez D. 20. 3. 4.

On fait auancer vn de leurs angles vers la campagne, & prennent leur feu des lignes qu'elles flanquent. A celles qui se font dans les approches d'vne tranchée, on ne donne que de huict à douze toises de face; mais celles qui se font dans les lignes de circonuallation, ou mesme deuant les lignes, sont plus grandes, & on leur baille par fois de quinze à trente toises de costé, auec vn fossé large de dix à vingt-quatre pieds, creux de sept à dix pieds.

Les pointes ou esperons sont demies redoutes, desquelles on se sert de present plus souuent que d'entieres, d'autant que l'ennemy en ayant gaigné vne entiere, il en tire vn grand auantage, & est difficile de l'en chasser, comme les Suisses l'experimenterent au Siege d'Arras.

Les autres qui sont plus capables,

& aufquels ont donné depuis trente iufques à cent toifes de cofté, fe flanquent, ou tout à fait d'eux-mefmes auec des flancs de dix à dix-huict pas, quand ils font grands, ou bien fe flanquent tout à fait des lignes de circonuallatió, ou en partie des lignes, & en partie d'eux-mefme, feló qu'ó preuoit l'endroict par lequel l'ennemy le peut attaquer, ou pour quelques riuieres ou marets qui les mettent en affurance de quelque cofté ; le plus petit que i'ay veu, eftoit à Hefdin, vn pentagone de vingt-huict toifes de cofté : les communs carrez eftoient de trente-cinq à quarante toifes, & le plus grand qui eftoit le Fort d'Orleans, auoit 90. toifes; I'ay tracé és planches D. 18. & 19. tous ceux que i'ay veuz en diuers Sieges.

Pour les tracer, faites vn carré, diuifez chaque face en trois ou quatre parties égales: Si vous desirez faire vne tenaille entiere, prolongez les deux costez d'vne tierce, dressez les flancs sur le premier tiers, & prenez le feu du second tiers.

Si vous faites quelque pointe sur vne face, elle sera au milieu, occupera le tiers de tout le costé prolongé, & aura en sa pointe vn angle droict: si vous y faites deux bastions, donnez-leur vne sixiesme pour la demie-gorge, autant de flanc, & qu'ils prennent leur feu de la naissance du flanc opposé.

Pour les Forts qui se font en estoile, à quatre, cinq, ou six pointes, ayez égard que chaque angle des pointes aye soixante degrez.

# TRAITÉ DES FORTIFICATIONS.
## *LIVRE SECOND.*

### Chapitre premier.

*Comment il faut se couurir.*

YANT expliqué tout ce qui est de la premiere Partie des Fortifications, qui consiste à se bien flanquer; il faut maintenant traiter de la seconde, qui enseigne comme il se faut bien couurir, & opposer à l'ennemy, vn corps qui

H iiij

puisse resister à la violence de ses armes.

Les Corps dont on se couure, sont: terre, bois, brique & pierre, de certaines hauteurs, espaisseurs & dispositions, desquelles nous parlerons és Chapitres suiuans.

Les armes auec lesquels on se fait ouuerture dans vne place, sont: le mousquet, le canon, le petard, & la mine.

Il y a en France six sortes de calibre; sçauoir, canon, coulevrine, bastarde, moyenne, faucon, fauconneau. Le canon de France a de longueur, dix pieds de metal, son affust, quatorze; tout monté, dix-neuf. L'essieu est large de sept pieds. Pour manier deux pieces de canon, il faut six toises, ou sept pas Geometriques en carré. Le boulet a enuiron demy pied de diametre, pese trente trois liures, & faut vingt

# FORTIFICATIONS.

liures de poudre pour le charger ; sa portée de poinct en blanc est d'enuiron trois cens cinquante toises, ou huict cens pas communs : & augmente sa portée à proportion qu'on en esleue la bouche, iusques à quarante-cinq degrez. Tiré de cent toises, il perce dix à douze pieds de terre serrée, quinze ou dix-sept de terre vn peu rassise. Vingt-deux ou vingt-quatre de sable ou terre maigre, & peut abbatre vingt ou trente hottes de terre ; On peut tirer en vn iour, soixante ou quatre-vingt coups, ou au plus cent. Cela suffit pour le sujet que ie traite : Si vous en desirez vne cognoissance entiere, voyez le troisiesme Liure de mon Hydrographie.

La portée du mousquet est d'enuiron six-vingt toises, ou cent-cinquante, s'il est renforcé. Bien qu'il tuë vn homme de plus de trois cens pas

Geometriques; tiré de prés, il perce deux planches de deux doigts d'épaisseur chacune : tiré de cinquante pas, il perce dix-sept mains de papier : & n'y a aucune bale de laine, qu'il ne trauerse.

Vn Petard, s'il est petit, ne rompra pas vne porte double bien barrée ; vn grand petard agissant contre vne porte foible, ne fait qu'vn trou : le trop grand effort rompant par sa vitesse, l'vnion des parties opposées, sans que les voisines en souffrent.

Rien ne peut resister aux mines & fourneaux qu'on fait en ce temps : Il est toutesfois necessaire, tant au petard qu'en vne mine, qu'il se trouue vne certaine proportion, entre l'action violente de la poudre, & les corps sur lesquels elle doit agir.

Tout cela ainsi declaré sommairement, il nous faut de present traiter du Profil, & donner vne table qui nous enseigne en peu de mots, les épaisseurs, hauteurs, & proportions, que l'experience a fait cōnoistre qu'il faut qu'aye chaque partie d'vne fortification, afin d'auoir tous les auantages que l'art luy peut fournir, pour mieux resister aux armes des assiegeants.

## Chapitre II.

### Du Profil d'vne Place.

Profil, est vne section ou coupe perpendiculaire sur l'horizon, qui nous represente toutes les largeurs d'vne place.

De cette diffinition s'ensuit, qu'il nous donne aussi toutes les hauteurs

& les talus; car puisque toutes les hauteurs se bastissent, pour la pluspart en talus ou glacis, dont les espaisseurs sont toutes differentes, il n'est pas possible de representer toutes les largeurs, sans en donner les hauteurs & talus.

# Chapitre III.
*Table du profil d'une place Royale.*

| | |
|---|---|
| Petit Fossé plein d'eau | large de dix à douze pieds, creux de sept à huict. Voyez la planche E. 1. Figure 2. a. c. |
| Esplanade | large de dix à vingt pas, haute de six à neuf pieds. c. e. |
| Pallissade | Esloignée de 3. pieds, haute de cinq. d. l. |
| Corridor | large de vingt à vingt-quatre pieds. e. g. |
| Banquette | large de trois pieds, haute de pied & demy. d. e. f. |

| | |
|---|---|
| Fossé | large de quinze à vingt-cinq pas, creux de quinze à 25. pieds. G H G M. |
| Talu de terre non remuée | Deux tiers de la hauteur. G. M. O. |
| Muraille | Haute iusques au niueau, du plus haut de l'esplanade : large de huict à 12. pieds, outre son Talu & ses Arboutans. E. I. Fig. 1. 1. m. |
| Talu de la muraille | Deux cinquiesmes de la hauteur. 1. f. h. |
| Parapet des Rondes. | Haut de quatre pieds, & large de deux. 1. l. |

| | |
|---|---|
| Chemin des rondes | Large de six à dix pieds, M. & en cas qu'ó y fasse vne Fausse-braye, son Parapet sera haut de six pieds, large de vingt, & l'espace de derriere sera de quarante-cinq à soixante pieds. E. 4. E. F. G. |
| Rampar | Large de quinze à 25. pas, haut de quinze à vingt-cinq pieds. e. 5. |
| Talu de gazons. | Deux tiers de sa hauteur, m. n. r. |
| Berme | Trois pieds. Fig. 2. 5. |

| | |
|---|---|
| Parapet du Rampar. | haut de trois pieds en dehors, & de six en dedans, y comprise la banquette auec vn pied de talu en dedans: large de vingt-trois. Fig. 2. x y z. |
| Embrazures. | Sont hautes de 2. pieds, sõt ouuertes en dehors de sept pieds, en dedans de trois, au plus estroit, d'vn pied & demy : Et ce plus estroict est trois pieds auãt. E. 2. 3. c. c. 4. |
| Le Talu interieur du Rampar. | A la Diagonale de son carré, s'il est de terre. E. 1. Fig. 2. T. V. B. |

CHAP.

## Chapitre IV.

### *Pratique.*

Faites vne eschele de quarante-cinq ou cinquāte pas, de telle longueur, que les pieds y soient sensibles, & que les cinq derniers y soient marquez. Voyez la planche E. 1.

Tirez puis aprés pour base de vostre Profil, vne ligne horizontale, nommée communement, ligne de terre, qui vous represente le niueau de la Campagne, telle qu'est A B. puis prenez en main la table precedente, où sont les hauteurs, largeurs, & proportions, que l'experience a fait connoistre, & passer pour iustes & raisonnables, & vous tenant dans les termes des mesures qui y sont marquées, prenez sur l'eschele, par exemple, dix

I

pieds, & les portez du poinct A. en C. pour le fofsé plein d'eau: puis dix pas pour voftre efplanade, & les tranfportez de C. en E. puis douze pieds de E. en G. pour le Coridor, & de E. en D. vous marquerez trois pieds pour la palliffade, & femblablement trois autres de E. en F. pour la banquette: vous baillerez par aprés quinze pas au fofsé, que vous poferez de G. en H. puis huict pieds pour la muraille de H. en I. fur deux defquels s'efleüera le Paraper des rondes, & les fix autres feruiront pour le chemin des rondes. Et finalement quinze pour le Rampar, du poinct I. en B.

Cela eftant partagé de la forte, tirez fur les poincts A.C.D.E.F.G.H.I. B. des lignes blanches qui croifent à plomb, la bafe A B. Ce fera fur ces lignes que vous mettrez les hauteurs & profondeurs de chaque partie

FORTIFICATIONS. 131

comme s'ensuit.

Donnez au petit fossé plein d'eau sept pieds de creux, auec vn talu de deux tiers de sa hauteur : baillez six pieds de haut à l'esplanade du poinct E. iusques à K. & tirez la ligne K C. Es quatre toises suiuantes E G. appartenantes au Corridor ou chemin couuert, faites la banquette E F. longue de trois pieds, haute de pied & demy: & semblablement à trois pieds de K. sur l'esplanade, vous dresserez la pallissade L. haute de cinq pieds : suiura le fossé G H. large de quinze pas, & creux de quinze pieds G M H N. auquel vous donnerez de talu M O. c'est à dire les deux tiers de la hauteur M G. & N P. qui aura deux cinquiesmes de la hauteur de la muraille : O P. estant tirée vous represétera le fonds du fossé: Si vous y voulez vne cunette au milieu, donnez-luy deux toises

I ij

de large, & autant de creux comme vous voyez en Q. Des huict pieds H I. que vous auez destiné pour l'épaisseur de la muraille, vous en baillerez deux H R. pour le parapet, qui sera haut de quatre pieds & demy, au dessus de l'esplanade ; & les six R I. seront pour le chemin des Rondes : Si au lieu de ce chemin, vous y voulez faire vne fausse-braye de dix toises, vous en donnerez quatre pour loger le canon, quatre au parapet, & deux de berme : Pour le Rampar, donnez-luy quinze pieds de hauteur, & tracez de cét interuale la ligne S T. parallele à la ligne horizontale, donnez-luy semblablement trois pas de talu, du costé de la ville T V. & deux en dehors, s'il est gazoné, ou trois, si ce n'est que terre remuée.

Cela fait, laissez six pieds de berme, depuis S. iusques en X. & dres-

sez le parapet X Y. large de vingt-
trois pieds, haut de six pieds en dedans, & de trois en dehors, & y faites
vne banguette, large de quatre pieds,
& haute de pied & demy.

## Chapitre V.

*Comment il faut representer les corps éleuez d'vne Fortification.*

I'Approuue grandement ceux qui tiennent, que lors qu'il faut repre-senter les corps esleuez d'vne place, il ne faut point se seruir des regles de Perspectiue, qui se conduisent par vne distance moyenne, vn poinct principal, deux tiers de poincts, & par les poincts accidentaux qui s'y rencontrent.

Mais qu'il faut que l'œil qui est du costé de la ligne horizontale, en soit

I iij

infiniment diſtant, & bien plus haut
eſleué qu'elle, afin que l'Ortographie
ne change en rien le plan Geometral,
& qu'on puiſſe touſiours en meſurer
telle partie qu'on voudra.

De plus, cette façon eſt incomparablement plus facile à entendre, & repreſente ſeule au iuſte, les meſures de toutes les parties.

## Chapitre VI.

*Pratique.*

Vous eſtant donné le plan Geometral A A A A A. de la planche D. 20. & le profil du meſme lieu, l'éleuation duquel on deſire faire paroiſtre: arreſtez de quel coſté que vous voulez que l'éleuation vous repreſente la meſure des parties au iuſte, & du meſme coſté: ſuppoſez vne ligne horizontale, par exemple G H.

2. Tirez de tous les angles A. du plan Geometral, des lignes perpendiculaires A B. A C. A D. A E. A F.

3. Sur ces lignes appliquez la hauteur que marque voſtre Profil, deſſus ou deſſous ledit plan Geometral, qui marque la ſurface de la terre.

4. Conioignez l'extremité de ces lignes perpendiculaires auec des lignes paralleles C D. D E. E F. F B. B C. chacune à chaque coſté dudit plan, au lieu où elles ſont coniointes dans la place.

5. Ayez égard à ne marquer & faire que les lignes qui peuuent eſtre veuës de l'œil que vous ſuppoſez eſtre du coſté de la ligne horizontale, infiniment diſtante de l'objet, & ſupprimez celles qui ne peuuent eſtre veuës, comme vous voyez en B C. B F.

6. Les Talus ſe repreſentent par des

lignes penchantes autant qu'est le talu qu'elles monstrent, depuis la hauteur de l'vn & de l'autre terme, comme vous voyez que nous auons pratiqué en la mesme planche. Figure 2.

Que si vous desirez la representer autrement: de toutes les façons differentes, voicy celle que ie prise le plus, & dont ie me suis seruy en la seconde planche D. 20. nombre 5. Supposez que l'œil est éleué en l'air, droict au dessus du centre de la place, & qu'en mesme temps il considere d'vn seul regard toute la place, pour la coucher sur le papier, & la representer telle qu'elle vous paroistroit de ce lieu. Ayant descrit vostre plan Geometral, supposez qu'en A. centre de la place, est abbaissé vostre œil, & de tous les angles, par exemple de B. & C. & ainsi des autres, on a tiré des lignes sur lesquelles on pose les hauteurs de toutes les pieces: les ombrages y estans mis à propos, vous verrez parfaitement toute la place. Ie n'ay representé en cette planche que la moitié d'vn Carré, bien qu'il soit bien plus agreable quand il y est tout entier. Car mettant à terre vne place décrite de la façon, si vous tenant leué, vous posez vostre œil droict dessus A. Il vous semblera voir effectiuement vne place toute complete. I'ay en cette figure dans le plan Geometral, fait le fosé notablement plus large qu'il ne doit estre, mais ç'a esté afin qu'on en vit mieux l'éleuation.

## Chapitre VII.

*Des ombrages qu'on peut adiouster auec la plume, pour representer naiuement vne Fortification.*

LEs lignes ne nous donnans que les extremitez des surfaces, ne peuuent nous representer si naiuement le relief entier d'vn corps, sans l'assistance de la clarté & des ombres; pour cét effet ie coteray icy quelques auis qui pourront vous donner quelque facilité à representer vn corps, à peu prés tel qu'il vous paroist.

1. Supposez que la clarté du Soleil vous vient tousiours d'enhaut, & qu'illuminant vn corps, elle iette ses rayons par tout, si quelque corps ne l'empesche, arrestant ses rayons, ou tout à fait, ou en partie, & que c'est

# Fortifications.

cette priuation de lumiere que nous appellons ombre.

2. Que dardant ses rayons obliquement de droict en gauche, ou de gauche en droict, quelques surfaces se trouuent plus éclairées les vnes que les autres, & semblablement les vnes plus reculées noires & auancées dans l'ombre, que les autres.

Cela posé, les Graueurs & Peintres pour representer cette diuersité, tant de lumiere, que d'ombre, se seruent de lignes & de poincts, qu'ils meslent en quatre façons differentes, selon que les surfaces sont plus ou moins dans l'ombre.

Le sommet des choses qui sont en plein Soleil, se marque par eux en blanc D. 20. a. a. a. a. a.

Des surfaces qui sont veuës du Soleil, à celles qui y sont les plus inclinées, ils ne donnent pour diminution de clarté que des poincts, desquels ils sement telle surface, comme vous voyez en la planche D. 20. nombre 1. surface e. f.

A celles qui fuyent vn peu plus la clarté, ils les ombragent simplement de lignes, comme vous voyez en la surface B. c.

A celles qui refuyent dauantage, ils adjoustent aux simples lignes des poincts.

3. Celles qui sont directement opposées à l'œil, ils les ombragent auec des contre-lignes.

Or n'y ayant que cela qui puisse estre frappé du Soleil pour faire le tour, & entrer de plus en plus dans l'ombre, ils obscurcissent la premiere surface de contre-lignes, semées de poincts, & finalement les plus esloignées, par quatre ou cinq lignes.

C'est de cette pratique dont ie me

suis servy en la plufpart de mes Figures.

Dans le Pentagone de la planche, vous y en remarquerez 5. ou six differentes. Car le plan Geometral A. estant illuminé, y est demeuré en son naturel, la face E F. qui auoisine le Soleil de plus prés, y est ponctué.

L'interieure B C. qui en est vn peu plus esloignée, est ombragé de simples lignes. Celle de B F. est ombragée de contre-lignes. C D. est haché de triples lignes & de poincts, où finalement l'ombre entiere se contre-hache & seme de poincts.

Cela suffit pour les surfaces perpendiculaires à l'horizon: mais pour celles qui portent talu, puisque le declin des hauteurs dudit talu, nous en reiette le pied plus vers la lumiere, commençant vostre ombrage en haut selon la pratique precedente, éclairgiſſez-le peu à peu en deualant, afin que le pied ſe trouue reduit en clarté.

# REFLEXIONS SVR chacune des parties d'vne Fortification.

## Chapitre VIII.

### Des murailles.

1. POur ſouſtenir vn Siege, vne place de terre vaut mieux qu'vne reueſtuë de muraille, puiſque les murailles reſiſtent moins au canon, & aux mines que la terre, & les eſclats incommodent fort ceux qui la deffendent, comblent dauantage, & plus promptement le foſſé, couſtent beaucoup, & faut vn long-temps pour les baſtir.

2. On reueſt de muraille vne place

pour durer long-temps, pour empefcher que la pluye, les vers, & autres accidens ne facent ébouler le terrain: & parce que n'ayant befoin d'vn fi grand talu, vne place n'en eft pas fi facilement furprife.

3. Il eft mieux d'éleuer le Rampar, auant que baftir la muraille, puis que c'eft du fofsé qu'il faut prendre la terre du Rampar, & que d'ordinaire fi la terre n'a pris fon affiete, & ne s'affermit à loifir deux ou trois années, és premieres pluyes, le Rampar fe rempliffant d'eau, renuerfera la muraille.

4. Vne terre graffe & ferme n'a befoin d'vne muraille fi épaiffe que de la terre maigre & coulante. Quelques-vns fe contentent de bailler à la muraille en bas pour fa largeur, le tiers de fa hauteur, qui fe determine d'ordinaire par le niueau du

haut de l'esplanade.

5. Vn Talu trop petit ne souſtient ſuffiſamment la muraille & la terre: vn trop grand amoindrit le foſſé, & incommode les flancs couuerts. Dans vn mur, le talu eſt tenu pour raiſonnable, quand il y a deux cinquieſme de la hauteur. Voyez-en la planche E. 6. Le triangle A B C. bien que la muraille demeurant à plomb par dedans, elle diminuë en dehors d'vn pied de large, ſur neuf de hauteur.

6. La brique eſt preferable à la pierre, & entre les pierres, les plus douces ſont les meilleures, & les plus ſeches. Pour ce ſujet il n'eſt à propos d'employer la pierre que deux ans aprés qu'elle eſt tirée de la carriere, pour luy donner loiſir de ſecher, auant que la charger & l'accouſtumer aux iniures de l'air. Es lieux où il y a quantité de bois, on fait vne couche d'arbres, puis
vne

vne de terre, bien battuë, & ainsi consecutiuement. Voyez G. 2. d. c. Tels murs ne peuuent estre ruinez du canon, ny endommagez du feu. Dix ne coustent pas tant qu'vn de pierre; on fera plustost dix bastions de bois, qu'vn de pierre, & on ruinera plustost dix bastions de pierre, qu'vn de bois ainsi disposé.

7. Si on fait le corps de la muraille auec des voûtes & arceaux, qui prennent les vns par dessus les autres, & que les superieurs en couurent deux de ceux qui sont dessous, comme vous voyez en la planche, G. 5. n. 5. il sera de beaucoup plus difficile d'y faire breche & combler le fossé à coups de canon.

8. Derriere la muraille on fait des Eperons où Contre-forts, qui s'auancent le plus qu'on peut dans le terrain: ils sont espais de quatre à cinq

K

pieds, & distans les vns des autres de quinze à vingt pieds. Ils se font en plusieurs façons differentes, que vous pouuez voir en la planche G. 8.

Les meilleurs seroient, si on les faisoit comme vne demye tour, & qu'on la remplist de bonne terre bien serrée.

9. Quelques-vns ne veulent point de Cordon, dautant qu'il sert de mire aux assiegeants pour ruiner les parapets. E. 5. a.

10. Le Parapet de brique qu'on fait haut de quatre pieds, & large de deux, ne sert que de peur que la Ronde ne tombe de nuict dans le fossé. Voyez la Figure. E. 5. x. 4.

## Chapitre IX.

### Des Fondemens.

Toute place, reuestuë ou non, qu'on veut esleuer, si le sol n'en

# FORTIFICATIONS.

est parfaitement ferme, a besoin de fondements, esquels toute faute qui s'y fait est irreparable.

2. Si le terrain n'est assez gras, on creuse les fondemens de cinq à six pieds, & on les pilote auec des pieces de chesne, chastagner, aulne, &c. distantes les vnes des autres de cinq à six pouces, qu'on enfonce le plus qu'on peut: Puis en ayant retiré enuiron vn demy pied de terre, on remplit tout cét espace de pierre, qu'on fait entrer entre les testes de telles pieces de bois. Voyez la planche G. 1.

Si le sol est sablonneux, on creuse de huict pieds les fondemens, & au lieu de pilotis, on les paue de fortes planches de bois. G. 2.

Si le lieu est marescageux, on pilote auec de la charpente, qui a des puissantes liaisons, comme vous voyez en la figure G. 5. n. 2. & 3. Et on pose entre-deux & dessus, des fascines remplies de terre & de brique, puis on esleue ce fondement iusques au plan du fossé, où on fait vne retraite de deux ou trois pieds. G. 1. b. Sa largeur dépend de la hauteur de la muraille, on leur baille souuent le tiers de cette hauteur. Il s'en trouue peu ausquels on baille plus de quinze pieds pour vne muraille.

Quelques-vns, de peur que les pilotis se pourrissent, en bruslent les extremitez, & les esteignent dans de l'huile ou de la resine.

## CHAPITRE X.

### Des Rampars.

1. LA hauteur de quinze à vingt-cinq pieds par dessus le niueau de la campagne, suffit à vn Rampar,

soit pour couurir les maisons de la place, soit pour commander sur le trauail de l'ennemy ; Si en quelque lieu on a besoin d'vne hauteur plus grande, il y faut faire vn Caualier, sans esleuer dauantage le rampar, autrement il ne commandera, ny le chemin couuert, ny le fossé, mais couurira l'ennemy.

2. L'épaisseur de vingt à trente pas par en bas, reuenant à dix-sept ou vingt-cinq pas en haut, est plus que suffisante pour resister au canon, pour y ranger de l'Infanterie & du canon, pour y faire des retranchemens, & pour receuoir toute la terre qu'on tire des fossez.

La base d'vn Rampar qui a moins de quarante-cinq pieds, est censée trop estroicte.

3. Le temps propre à l'esleuer, est l'Esté, lors que la terre est seche, &

qu'on peut la ranger comme l'on veut.

4. La meilleure terre est l'argile grise, puis la marescageuse, d'autant que par leur gresse & leur humeur, elles resistent mieux qu'aucune autre, à la chaleur & aux pluyes, se lient parfaitement, se soustiennent auec peu de talu, produisent beaucoup d'herbe, qui sert grandement, & ne nuit point, pourueu qu'on soit soigneux de la coupper. La terre sablonneuse s'écoulant facilement, n'est propre à vne Fortification, si on n'y mesle de bonne terre, & faut de plus, la reuestir de forte muraille.

La terre graueleuse n'a pas plus de liaison, & ne vaut du tout rien aux ouurages esleuez, qui peuuent estre atteints du canon.

5. Vn sol qui est mol, ou de terre qui a esté remuée, a besoin de fondemēs

# FORTIFICATIONS. 151

6. Le talu de gazons, ou de bonne terre non remüée, est la moitié de la hauteur. A de la terre remüée, on baille la hauteur toute entiere.

7. Vn bon gazon doit auoir six pouces de large, quinze de long, & cinq de haut, reuenant à vn en son extremité. Voyez G. 2.

8. A chaque pied de terre que le Rampar se haussera, en mesme temps par tout, il faut mettre des branches fleuries de saule, qui ne soient plus grosses d'vn pouce, ou des oziers. Voyez la planche E. 5. n. 3. & faut tellement battre la terre auec des pilons, qu'elle s'abaisse de quatre ou cinq pouces, & n'en reste que sept ou huict. Quelques-vns y iettent vn peu d'eau pour mieux la ranger.

9. Il faut semer de l'auoine ou du gramen sur le dehors de chaque rang, ou du grand Trefle, appellé des An-

ciens Medica, & de nous, Foin de Bourgogne, ou Sain-foin, il n'y a aucune herbe qui iette plus de racines, ny plus profondes : & esleuer nettement & également par tout, les talus, par le moyen du triāgle taludial. G. 2.

10. Le Rampar E. 1. 1. estant esleué d'vne iuste hauteur, son plan doit aller vn peu en panchant vers la ville, afin que les eaux se puissent escouler, & doit estre tout couuert de gazons, ou bien d'vne croute de terre grasse, sursemée de foin, de Sain-foin, ou d'herbe à sept fueilles, qui a pareillement beaucoup de racines.

11. Les Parapets du Rampar auront telle pante, que d'iceux on découure le pied de la contre-scarpe E. 1. 1. ou du moins le Corridor E. 1. 2. I'ay parlé de leur matiere, au chap. 3. & de leur hauteurs, épaisseurs, & embrazures, au chap. 3. 1. 2. les embrazures se-

ront entr'elles esloignées de dix à vnze pieds.

12. Si on plante des arbres, comme vous voyez en F. 10. sur le Rampar, ce sera vn grand ornement en temps de paix, & vne tres-bonne prouision en temps de guerre, & n'occuperont point l'oreille des sentinelles, pourueu qu'on les esbranche en temps qu'on se doute de l'ennemy.

## Chapitre XI.

### *Des Caualiers.*

1. LEs Caualiers F.12.a.G.7.c.c. se font de mesme matiere que les Rampars, & ont mesme talu & mesmes Parapets, & on peut les reuestir.
2. Leur hauteur par dessus le Rampar, est d'vn ou deux commandemés, c'est à dire, de neuf à dix-huict pieds,

ou tant qu'il est necessaire pour s'opposer à quelque eminence qui est hors la place, ou pour couurir quelque lieu plus considerable dans vne place.

3. Leur situation est en la partie de la courtine, de laquelle on commence à descouurir la face du bastion : ou bien en quelque lieu que la necessité fait cognoistre. G. 9. 1. 2. 3.

4. Ils doiuent estre en tel lieu, que le Rampar n'en soit en rien incommodé, autrement ils causeroit la perte de la place, comme i'ay veu à Arras.

5. Ils doiuent en haut estre capables de receuoir quatre ou six pieces de canon, & partant auoir de long quinze à seize pas, & cinq à six de large.

6. Les figures les plus capables & plus commodes, sont, la circulaire, l'ouale, & le carré long.

7. Les esclats de ceux qui sont reue-

stus, incommodent fort ceux qui deffendent le rampar.

## Chapitre XII.

*Des Fauſſe-brayes.*

NOs Anceſtres qui faiſoient par fois doubles murailles pour mieux reſiſter, appelloient celle de deuant qui eſtoit la plus baſſe, Fauſſe-braye: Car ſi l'intérieure & principale eſtoit comme le haut-de-chauſſe (qu'ils nommoient Braye) de leur ville, ceſte exterieure eſtoit comme vn Caneçon & Fauſſe-braye, miſe par deſſus, pour conſeruer la principale. Ammian l'appelle *Antemurale*.

2. Elle ſe fait pour diſputer plus long-temps à l'ennemy, la côtre-ſcarpe, luy empeſcher la trauerſe du foſſé, & receuoir les ruines que le canon

fait au corps de la place.

3. Leur plan doit estre de trois ou quatre pieds plus haut que l'eau du fossé, autrement elle seroit trop humide. Leur largeur sera de vingt-cinq à trente-pieds, outre le parapet, és places qui ne sont que de terre, & de quarante-cinq à soixante, à celles qui sont reuestuës: afin que ceux qui y seront, ne soient incommodez des éclats de la ruine de la place.

Elles doiuent auoir vn parapet à l'espreuue du canon, de telle hauteur qu'il commande au chemin couuert.

Quelques-vns les font par tout paralleles à la place, autres font vn petit bastion au milieu de la courtine. Il y en a qui n'en font que deuant la courtine & les flancs. Quand les flancs ont leur grandeur iuste, & qu'il y a place basse & place haute, & de bons orillons, on en tire plus d'vtilité que d'vne Fauſſe-braye. Voyez la planche G. 9. 1. 2. & E. 4. e. f. g. h.

## Chapitre XIII.

*Des Orillons, Eſpaules, Places baſ-ſes, Places hautes, & des Flancs.*

LEs Flancs ſe couurent auec des é-paules, ou des orillons, ou bien auec des dehors.

Es places qui ne ſont que de terre, il eſt tres-difficile qu'vn orillon ou eſ-paule dure long-temps, n'eſtant pas ſeur de leur bailler tant de talu qu'il ſeroit neceſſaire pour les faire ſubſi-ſter.

Es foretereſſes reueſtuës qui n'ont point ou peu de dehors, pour mieux conſeruer le flanc, ou le diuiſe en trois parties égales, deſquelles on en don-ne deux vers le dehors pour couurir la troisiesme, & on les arondit, si on veut que ce soit vn orillon, ou bien on les laisse en ligne droicte, si on veut que ce soit vne espaule : & pour lors l'orillon ou l'espaule doiuent auancer autant que le flanc couuert est large. Ceux qui sont auancez dauantage, sont facilement ruinez, & leur debris comble le fossé.

La ligne de l'espaule ne doit estre parallele à la courtine, ains plus ouuerte en dehors, afin que le canon découure tout ce qu'il doit deffendre, ou que son vent ne la ruine.

Lors que les flancs tombēt à plomb sur les faces, il ne faut point d'orillons de peur qu'ils ne bouchent les embrazures.

Bien que l'orillon donne moins de prise & se conserue mieux que l'espaule, toutesfois l'épaule est preferable à l'orillon, parce qu'elle couste

# FORTIFICATIONS. 159

moins, contient plus de Soldats, qui peuuent directement tirer à la face du bastion; & lors mesme qu'on fait les orillons de la muraille ronds, on fait carrez, ou à plusieurs angles, ceux du Rampar. Les plus beaux orillons que i'ay veu, sont ceux de Hesdin, & les plus belles espaules, sont celles des bastions de Ligourne, G. 9. 1. en l'vne & en l'autre, ils auancent vne fois & demie autant qu'est grand le flanc couuert. A Ligourne, le flanc a prés de vingt toises, le flanc couuert en a six, l'espaule auance de neuf, & en a neuf de front. Pour en faire de pareilles, prolongez de dix toises la face de vostre bastion A B. iusques en E. sur le flanc B C. prenez six toises pour le flanc couuert C D. tracez vne ligne à plomb, sur l'extremité de la face A E. & dans cette ligne à plomb, prenez neuf toises E F. pour le front de l'espaule, que vous ioindrez au flanc couuert par la ligne F D. Pour faire vn orillon, seruez-vous de cette pratique : diuisez le flanc B C. en trois parties par les poincts D E. Transportez vn tiers de C. en F. & par ce point, tirez la ligne F G. parallele au flanc C B. prolongez la face A B. à l'infiny, & de B. iusques en H. prenez deux fois la grandeur B D. & tirez vne autre ligne de D. en H. pour lors la ligne F G. se troüuant coupée en I. G. vous donnera vne autre façon d'espaule B. G. I. D. sur le milieu de laquelle du centre K. de l'interualle K. G. Si vous tracez vn demy-cercle, vous aurez vn orillon.

A Pauie & à Florence, on a fait des redans à l'extremité de la courtine, & à l'interieur de l'espaule, pour empescher les bricoles ; I'ay aussi veu des embrazures faites de la sorte : mais i'estime j'estime que cela ne fait qu'empescher le vent du canon, & que ne pouuant auoir de solidité, les esclats perdront ceux qui se trouueront pour executer le canon ; ceux qui baillent trop de glacis aux flancs, font que la bale du canon ennemy, s'échappe en haut, & de plus, cela diminuë fort la place.

Les places basses doiuent estre fort peu plus hautes que la campagne. Voyez G. 6. G. 7. b. leur largeur, est le tiers du flanc ou la moitié, leur profondeur est de quatre pas ; pour les merlons, six, pour le canon, trois, pour les voûtes, dans lesquelles on doit retirer les poudres, lors qu'on tire, specialement des places hautes, elle doit s'eslargir vers la courtine, où doit estre l'entrée ou voûte, par laquelle on ameine de la ville le canon par dessous le Rampar.

De l'autre costé vers l'espaule, ou

L

dans l'espaule mesme, doit estre vne poterne, par laquelle la Cauallerie puisse descendre dans le fossé, s'il est sec, ou l'Infanterie dans vn basteau plat, s'il est plein d'eau, comme il se voit au Havre, à Hesdin, & ailleurs. G. 1. h.

Neuf pieds plus haut que la place basse, & cinq ou six pieds en arriere, on esleue vn parapet de terre, de cinq pieds d'épaisseur, haut de trois, & vne seconde pour la place haute, qui doit estre profonde de cinq pas, pour loger deux canons, qui seruent lors que la place basse est ruinée, comme aussi pour obliger les assiegeans, lors qu'ils font des trauerses dans le fossé, à les tenir plus hautes. Voyez G. 6. m. Si on craint que le foin du canon ne tombe dans les poudres de la place basse, il les faut retirer dans les voûtes, & couurir la lumiere des canons de leur plaques. Il y a de fort belles places à Luques, & à Anuers, celles de Hesdin sont excellentes, & le canon n'y peut iamais estre démonté entierement. Ie ne parle point icy des casematcs, parce que l'experience a fait connoistre qu'elles affoiblissoient par trop la gorge des bastions qu'elles occupent presque entierement : De plus, elles seruoient fort peu, tant à cause que les embrazures ou les piliers des voûtes se rompoient, qu'à cause qu'on n'y pouuoit demeurer, la fumée ne se pouuant euaporer ; Toutes lesquelles choses ont obligé, au lieu de casemates, de faire des places basses, toutes descouuertes.

## Chapitre XIV.

*De l'ordonnance des Ruës, Places d'Armes, Magazins, & Corps de Garde.*

1. DAns vne Forteresse, on doit preferer l'espace pour combatre, à l'espace pour loger. Le quart de la place à peine suffit, pour les ruës & les places publiques.

2. Il suffit que les petites ruës ayent trois toises de large, & les grandes, six, & qu'il s'y trouue enuiron de cent maisons pour chaque bastion. La ruë toutesfois qui est au pied du Rampar, nommée place d'armes, en doit auoir dix, à cause des retranchemens qui s'y font.

3. La grande place d'armes doit estre proportionnée au nombre de Sol--

dats, qui doiuent estre pour l'ordinaire, à raison de deux cens hommes pour bastion, ou cinq cens, s'il faut soustenir vn Siege, & puisque chaque homme marchant en bataille, n'occupe que trois pieds de front, & sept de file, & en combattant, que deux pieds de front, & enuiron trois de file: dans vn carré, dont le costé sera de quarante toises, on pourra ranger en bataille, six mille hommes, donnant à chacun neuf pieds d'aire, trois de front, & trois de file.

D'où s'ensuit, que qui fera la place d'armes, de mesme figure que la Forteresse, elle sera plus que suffisante, si on luy donne de rayon ou demy-diametre, autant qu'à vn flanc d'vn bastion.

4. Iamais ne faut obmettre en chaque quartier, des lieux pour les necessitez des Soldats, autrement, & les

L iij

Rampars, & toutes les places, se trouuent remplies de saletez.

Les Corps de garde, seront voûtez. Le plus grand sera en la place d'armes, où est la principale garde, aux portes, & au bout des ponts: & faut qu'il y aye vne ou deux cheminées, specialement au grand Corps de garde, & vn petit theatre de bon bois de chesne, tout le long dudit corps de garde, haut de trois pieds, & large de six ou sept, fait de bonnes membrures, bien affermies, & immobiles, pour le repos & la dure des Soldats.

Les Arcenaux seront és ruës proches du Rampar, afin que les munitions en soient plus facilement portées sur le Rampar.

Les poudres seront en lieu sec, le plus escarté qu'on pourra, tellement clos, & les portes si bien ferrées & encuirassées, qu'on n'y puisse mettre le

# FORTIFICATIONS. 167

feu, & ne seront iamais toutes en vn lieu.

Si les Soldats ne sont logez chez les Bourgeois, on leur fait des maisons proche le Rampar, & y en a tousjours quelqu'vne plus considerable pour les Officiers, qui les contiendront en leur deuoir. En ville de conqueste, il faut que les Soldats soient logez chez le Bourgeois, & plusieurs en mesme lieu.

Il doit y auoir quantité de moulins à eau, ou à vent en temps de paix, & plusieurs à cheual & à bras, durant vn Siege.

Les puits sont preferables aux fontaines, qui se peuuent diuertir.

## CHAPITRE XV.

### Des Portes.

1. AVcune place ne doit estre fortifiée auec plus d'art que les portes.

2. Celles de la ville d'Anuers, & de Gomore en Hongrie, sont dans la Courtine, tout proche du bastion, comme vous voyez és planches H. 2. I. C. 1.

A Breda, celle qui va à Bois-le-duc, est dans le flanc. Voyez la planche F. 2.

A Aire, il y en a vne en la face d'vn bastion : Et semblablement à Sainct Iean de Laune. On improuue tous ces endroicts, dautant que c'est d'ordinaire les flancs & les faces qu'on attaque, & telles portes sont incontinent, ou rompuës, ou bouchées des ruines prochaines.

Elles ne font nulle part mieux qu'au milieu des courtines, H. 2. 5. d'autant que le fossé estant en ce lieu plus large qu'en aucun autre endroict, on y peut faire plus de fortifications, & y apporter plus de precautions, & est également deffenduë des deux bastions voisins.

Sa largeur H. 1. sera de dix à douze pieds, sa hauteur, de quatorze à quinze pieds, sa longueur semblable à l'épaisseur de la muraille, & du Rampar. Elles seront voûtées toutes ou en partie; y aura vn Corps de garde grand & capable à l'entrée vers la ville, & si c'est vne place de conqueste, on fera vne bonne pallissade, de fortes planches, de peur que les Bourgeois ne surprennent les Corps de Garde, & vne autre porte interieure à treillis, de fortes membrures de chesne.

La massonnerie de la porte exterieure, sera de pierre, qui ne se gaste, ny à la pluye, ny à la lune, l'ouurage en sera d'ordre Toscan, ferme, solide, & qui iette par ses ornemens, plustost de l'horreur à ceux qui la regardent, que de l'admiration, pour sa gentilesse. On ne manquera d'y mettre des boules, de peur que le charroy n'en gaste les iambages.

Le bois de la porte sera de bon chesne, sans nœud, de deux, trois, ou quatre doubles, ioints & affermis de bons clouds, & fortes barres de fer.

En la moitié du costé droict en sortant, on fait vn guichet, large de deux pieds & demy, haut de quatre pieds, qui reuient à trois, à cause d'vn pied qu'a le sueil qui reste dans la grande porte. Il doit estre de mesme épaisseur que la porte, &

fourny de bons verroüils.

Les Poternes pour aller és Faussesbrayes, seront telles que le canon y puisse aller, c'est à dire, auront sept pieds de large, & huict ou neuf de haut.

Au milieu de la voûte, où on mettoit cy-deuant des Herces & Cataractes, H. 4. 2. depuis qu'on a reconnu qu'elles ne resistent au Petard, qui les rompt toutes entieres, & qu'vn soliueau mis dans la coulisse, ou vne charette les peut empescher de tomber, on se sert de grosses poûtres, qu'on nomme Orgues, lesquelles on fait passer par des trous faits à la voûte, proches d'vn demy-pied l'vn de l'autre, qui font le mesme effet que la herce, & l'vne estant petardée ou retenuë, ne rompt pas les autres, & ne les empéche de tōber, voyez la Figure de l'vne & de l'autre, en la page H. 4.

Les Ponts-leuis se font de plusieurs façons, les plus communs se font à fleches auec cette proportion.

Leur longueur & largeur, sera precisément égale au chassis de la porte qui le doit contenir estant leué, les bras auront huict ou neuf pouces d'épaisseur, comme aussi la poûtre qui les conioint.

L'aissele ou espaule, où aboutissent les bras, & sur laquelle il doit tourner, aura de diametre quatorze à seize pouces, les deux extremitez estans ferrées de deux bons cercles de fer, l'on fera entrer dans le centre deux cheuilles de fer, longues d'vn pied, & de deux ou trois pouces de diametre, qui se puisse mouuoir à l'aise, sur vne forte bande de fer, voûtée, qui sera à la iointure du sueil & iambage de la porte : les fleches auront deux fois la hauteur de la porte pour le moins,

& vn pied de diametre.

Les cheuilles de fer sur lesquelles se doit faire le mouuement, seront aussi grosses que celles d'embas. Le carré interieur sera trauersé d'vne croix de S. André, qui seruira aussi au contre-poids.

Les chaisnes seront brazées par tout, & l'anneau mesme d'en-bas, de peur que le mesme n'arriue qu'à l'Escluse, où vn Soldat ayant passé à la nage, défit la boucle d'en-bas, qui estoit ouuerte, & abbatit le pont sans aucun bruit.

Il s'en fait d'autres à tresbuchet, la bacule estant dans la porte, on fait vn creux suffisant pour la receuoir, lors que s'abbaissant on leue le pont.

Il y a des endroicts où on ne met que des planches sur les trauerses, ou des trapes qu'ó oste toutes les nuicts, & qu'on porte dás le Corps de garde.

En quelques endroits, derriere la porte en dedans, on fait vn grand creux ou fosé carré, qui se couure de deux demies-portes, en forme d'vne trape, qui se haussent de nuict, chaque battant à chaque costé, & s'abaissant, se ioignent sur vn ou deux piliers au milieu: tel pont est parfaitement bon, & ne peut estre petardé.

Bien que les piliers des ponts d'vne ville, puissent estre de pierre, ils seront toutesfois meilleurs, d'auoir leurs planchers & garde-fous de bois, afin qu'on les puisse coupper au besoin.

Ils doiuent estre larges de quatorze à quinze pieds au moins, estre plus bas que la campagne, & qui aillent en destournant.

Quand il n'y a point de demy-lune deuant la porte, ont tient le pont plus large sur le milieu du fosé, pour y faire vn Corps de garde, qui aura vn pont-leuis, ou vne bacule deuant soy, pour le separer du reste du pont. Voyez H. 5.

S'il y a vne demie-lune, les vns détournent le chemin le long de la gorge d'icelle sur la contre-scarpe, & font vn Corps de garde & vne pallissade, qui empesche qu'on n'entre du pont dans la demye-lune, comme vous vous voyez en la Figure F. 11.

Les autres poussent le chemin tout à trauers de la demie-lune, & font le Corps de garde, & la porte vers l'extremité de la face, comme vous voyez en la Figure F. 12.

Au bout du pont, il faut auancer vn Corps de garde, qui ait vne bacule & de bonnes pallissades de costé & d'autre, & par delà la bacule, on met les barrieres, qui se ferment auec vn herisson ou cheual de Frise, bien balancé sur vne grosse piece de bois, affin qu'il se puisse facilement ouurir & fermer, & se ioindre de part & d'autre à ses poteaux. Voyez H. 4. 5.

Que si par delà il y a quelque chaussée ou marais, on le coupe d'espace en espace auec des fossés qu'on couure de planches qui se peuuent leuer, & à la teste de la chaussée, on fait encore vne bacule, auec ses palissades & Corps de garde, où on met du monde, selon la necessité : & si on craind que les fossez de la chaussée ne se comblent de limon, on arreste les bords auec de bons pieux ou pilotis, comme vous voyez en la planche H. 6.

CHAP.

## Chapitre XVI.

### Des Foßez, Contre-ſcarpes, & Cuuettes.

1. ON fait des Foſſez pour empécher l'ennemy d'aborder; pour auoir de la terre, pour faire le Rampar : & pour faire les murailles plus hautes, ſans les éleuer beaucoup par deſſus la campagne.

2. Vne bonne largeur eſt de quinze à trente pas, pareille à celle du Rampar, ou à la lõgueur du flanc; On peut auec artifices, trauerſer ceux qui ont moins de quinze pas; en ceux qui ont plus de trente, on découure trop le pied de la muraille, comme auſſi les Corridors & la gorge des demies-lunes, les mouſquets de la place ont de la peine à porter ſur le chemin cou-

uert, & beaucoup plus sur les esplanades des ouurages auancez, & l'ennemy peut y loger plus de pieces de canon pour rompre les flancs.

Es lieux marescageux qu'on ne peut creuser, on est obligé de les tenir plus larges, pour auoir de la terre suffisamment pour le Rampar, n'estant pas possible de creuser beaucoup en de semblables lieux. A. xi. B. 7.

Iamais profondeur ne gasta le fossé, pourueu qu'il n'y ait rien qui n'y soit flanqué : Il leur faut d'ordinaire bailler de creux, la hauteur du Rampar, qui en doit estre tiré, & ne doit iamais auoir moins de six à sept pieds, ou la hauteur d'vn homme, mesme és dehors quoy qu'on ne leur baille d'ordinaire que la moitié de celle du grand fossé de la place.

Les Contre-scarpes doiuent estre

tirées paralleles aux faces des bastions. Es places toutesfois qui sont de huict bastions, il les faut faire respondre au milieu du flanc, autrement les chemins couuerts ne pourroient estre deffendus des Flancs.

Leur Talu doit estre tel qu'il puisse soustenir la terre, & qu'on puisse aisément, en vne retraite precipitée, se couler dedans le fossé, sans qu'on en puisse remonter, que par les lieux destinez à cela.

Il n'est besoin ny à propos de les reuestir, sinon és lieux où la terre, quoy que naturellement rassise, ne peut se soustenir sans vn trop grand talu, qui en faciliteroit trop la montée.

Estant tournées en rond vers la pointe des bastions, le fossé a par tout sa largeur, & on peut y faire vn Corps de garde. Voyez A. xi. xii. xiii. B. 8.

d'autres coupent ceste pointe auec vne ligne droicte, ce qui a les mesmes commoditez. D. 4. G. 1.

Vn fossé plein d'eau, assure vne place contre les escalades & les surprises, est mal-aisé à combler, & l'ennemy a de grandes difficultez à le passer, & s'y couurir, ou y combatre.

D'autre part il incommode les sorties & l'entrée du secours, engenre vn mauuais air, si l'eau n'en est viue & coulante, se gele, on n'y peut faire de flancs bas, de Caze-mattes, Coffres, & semblables inuentions, dont on se sert pour combattre l'ennemy dans le fossé.

Dans les fossez pleins d'eau, on fait au milieu des palissades qui ne vont qu'à fleur d'eau, & d'autres au pied des bastions & des courtines, pour empescher les surprises. Voyez les figures F. 6. 7. 8. G. 6. e. d.

En quelques endroicts au milieu d'vn fossé sec, E. 1. 2. g. on fait vne cuuette ou petit fossé, large de quinze ou vingt pieds, le plus creux qu'on peut; Autres le font proche la muraille, & specialement au droict des places basses, comme s'est veu à Orbitello. E. 1.

Les montées se font au milieu des courtines, ou à la gorge des bastions. G. 3.

## Chapitre XVII.

### *Du Chemin couuert.*

Sur la Contre-scarpe, on fait vn chemin, que les Italiens appellent Corridor, large de deux à cinq toises, que l'on couure vers la campagne, d'vn Parapet, nommé Esplanade, haut de cinq à six pieds, pour l'Infanterie, & de neuf pour la Cauallerie, qui va insensiblement se perdre à dix ou quinze pas dans la campagne. E. 3. a. b.

Afin que ce parapet ne s'esleue tant par dessus la campagne, on peut prendre de la terre dans ce chemin pour se couurir, en rehaussant la campagne de ceste terre; mais en ce cas, prenez garde que le fossé demeure assez creux : il y faut faire vne ou plusieurs banquettes, selon qu'est haute l'esplanade.

Au droict du milieu de la courtine, on fait des pointes de mesme niueau que le chemin couuert, & trois à la pointe des bastions. D. 8. D. 21.

Que s'il y a quelque lieu dans la campagne duquel on peut voir ou enfiler ce chemin, on fait par tout des Redans en forme de dents de scie, qui couurent les Soldats, par le moyen de telles pointes, la campagne est flanquée, les sorties se font auec ordre, & les retraites sans confusion. D. 8. D. 21. n. m.

Par delà l'esplanade, il ne faut point de fossé, s'il n'est remply d'eau, & mesme il empesche tousiours les sorties. E. 1. a.

Sur l'Esplanade à deux ou trois pieds du Corridor, aucuns font vne palissade de pieux, distans d'enuiron six pouces les vns des autres. E. 1. L.

**FIN.**

## Extraict du Priuilege du Roy.

PAr grace & Priuilege du Roy. Donné à Paris, le 16. iour de Septembre 1647. Signé Beraud. Il est permis à IEAN HENAVLT, Maistre Imprimeur & Marchand Libraire de cette ville de Paris, d'imprimer, ou faire imprimer, vendre & distribuer, vn Liure intitulé, *Traité des Fortifications, ou Architecture Militaire, tirée des Places les plus estimées de ce temps pour leurs Fortifications,* remply d'vne grande quantité de Figures en taille douce, pour l'vtilité du Public, pendant le temps & espace de dix ans. Et deffences sont faites à toutes personnes, d'imprimer ou faire imprimer, vendre ny distribuer ledit Liure, pendant ledit temps de dix ans, à peine de deux mil liures d'amande aux contreuenans, & confiscation des Exemplaires, comme il est plus amplement porté audit Priuilege.

Acheué d'imprimer le 7. Nouembre 1647.

*Les Exemplaires ont esté fournis.*

# TABLE NECESSAIRE
*pour l'intelligence des Planches & Figures, comprises en ce Traité.*

## La premiere Partie.

Contient plusieurs Places fort estimées pour leur situation: telles que sont celles qui sont basties dans la Mer, ou dans des Riuieres, ou lieux Marescageux, comme sont, le Mont S. Michel, situé en l'extremité de la Basse Normandie, tenu communement pour imprenable, à cause de la Mer qui l'enuironne deux fois le iour. A. 2.

Sestos & Abydos, autrement appellez les Dardanelles, ou les deux Chasteaux, situez au Destroict de

Callipolis, par lequel il faut que passent tous les vaisseaux qui vont à Constantinople, & qu'ils s'y arrestent trois iours en retournant, s'ils ne veulent estre coulez à fond. A. 3. & 4.

Le Fort de Sequin, situé dans l'extremité de l'Isle du Betavv, dans le Rhein. A. 5.

Lierot, place de Frise. A. 5.

Autres situées sur des montagnes, comme sont, Bressia. A. 6.

Charlemont 7.

La Motte. 8.

## SECONDE PARTIE.

Places grandement estimées pour leur fortification Reguliere.

La Citadelle de Iuliers. A. 9.

Bourtange en Frise. A. 10.

Mœurs sur le Rhein. A. 11.

Grolle en Frise. A. 12.

Dame prés de Bruge. A. 13.

Covvorde en Frise. A. 14.
Stevenſvvert ſur la Meuſe. A. 15.

## TROISIESME PARTIE.

Places grandement eſtimées, quoy que tres-Irregulieres en leur Fortification.

Le Sas de Gand. B. 1.
Breda. B. 2.
Guenep ſur la Meuſe. B. 3.
Bergopſom en Brabant. 4.
Burric ſur le Rhin. 5.
Bapaume. 6.
Raueſtin ſur la Meuſe. 7.
Breuort en Friſe. B. 8.
Arras. B. 9.
Trenenſe en Flandre. B. 10.
Creue-cœur ſur la Meuſe. B. 11.
Gomorré en Hongrie. C. 1.
Clermont en Lorraine. C. 2.
Le Mole de Ligourne. C. 3.
Le Fort d'Emerich ſur le Rhein. 4.

La Philippine en Flandre. C. 5.

Le Fort qui est deuant Rées, au delà du Rhein. C. 6.

Le Fort de Hesmer sur la Meuse. C. 7.

Le Fort Sainct Helme à Naples. C. 7.

## LA QVATRIESME PARTIE.

Contient trois Tables : deux pour bastir des Places, où soient exactement obseruées les proportions qu'on donne en France pour bastir vne bonne Place. La troisiesme, où sont gardées les proportions pratiquées en Hollande. D. 1. 2. 3. Suiuent douze planches, où vous voyez douze desseins Reguliers, esquels l'Autheur a mis en pratique, tant ce qui est compris dans les Tables, que dans ses escripts, auec vne grande diuersité de dehors qu'il auoit remar-

ué en diuers lieux. Et y a adjousté
ne autre planche, où vous voyez vn
ouueau dessein, proposé ces dernie-
es années, par Monsieur le Comte
e Pagan. D. 15. 2.

Les planches suiuantes, represen-
ent les differentes Figures des Forts
e Campagne, qui sont pratiqués en
e temps. D. 16. 17. 18. 19. 20.

## LA CINQVIESME PARTIE.

Donne les coupes & éleuations,
ant des Places Royales, que des Fortins. E. 1. 2. 3. 4. 5. 6.

## LA SIXIESME PARTIE.

Fait voir en grand poinct, plusieurs dehors & autres ouurages, re-
presentez, tant en leur plan, qu'en
perspectiue, depuis F. 1. iusques à
F. 12.

## La septiesme Partie.

Monstre, tant en plan qu'en perspectiue, tout ce qui est necessaire pour bastir vne Place: & conduit l'ouurage, depuis les Fondements, iusques au Parapet, tant en terre qu'en Maſsonnerie. Depuis G. 1. iusques à G. 10.

## La hvictiesme Partie.

Fournit les diuerses Fortifications, qui se pratiquent és auenuës, entrées, & portes d'vne Place. Voyez H. 1. & les suiuantes.

FIN.

SESTOS CHATEAU DE L'EVROPE    A iii

ABIDOS CHASTEAV DE L'ASIE DEVANT CONSTANTINOPLE

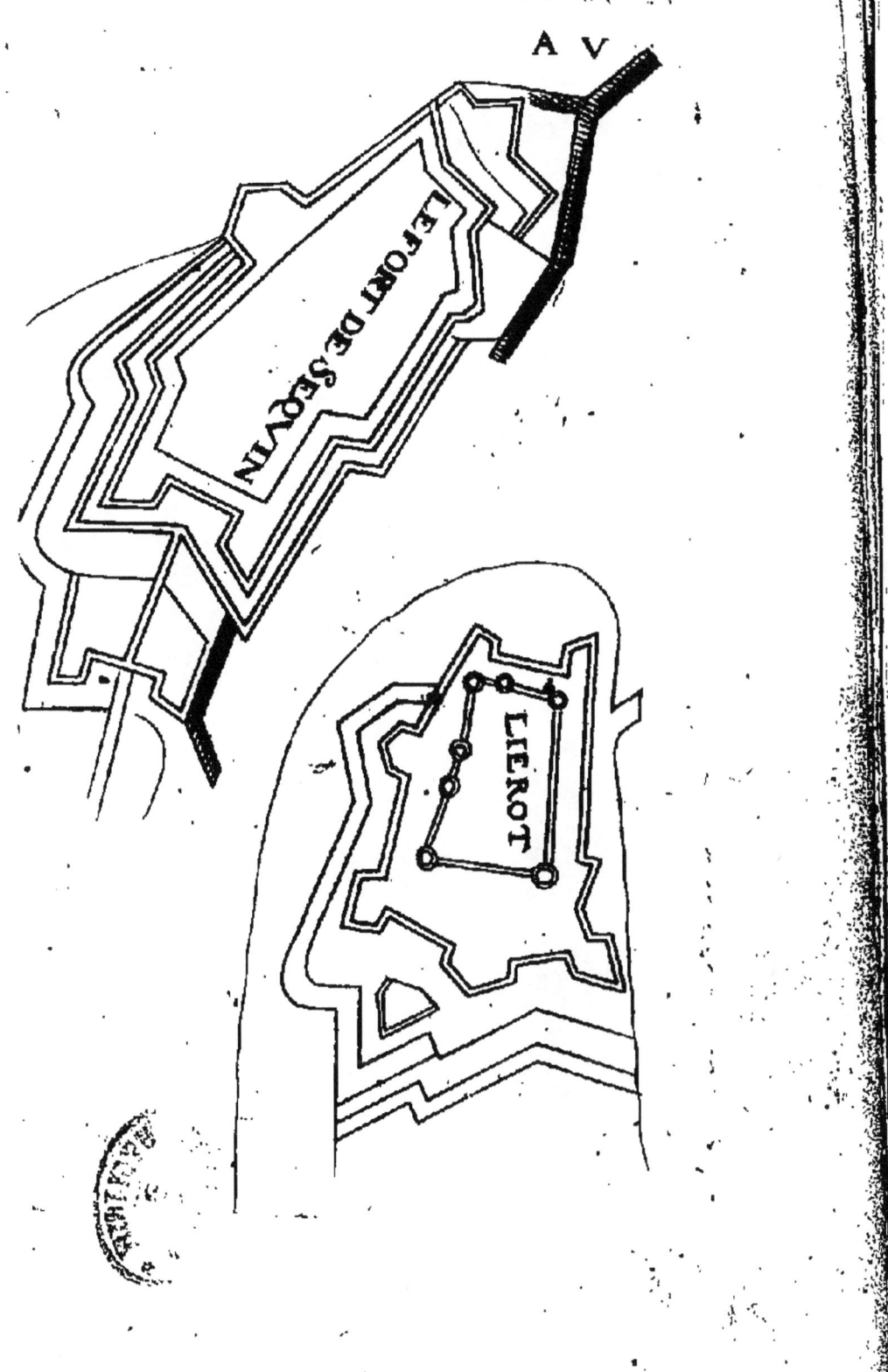

# BRESSIA

A·VI

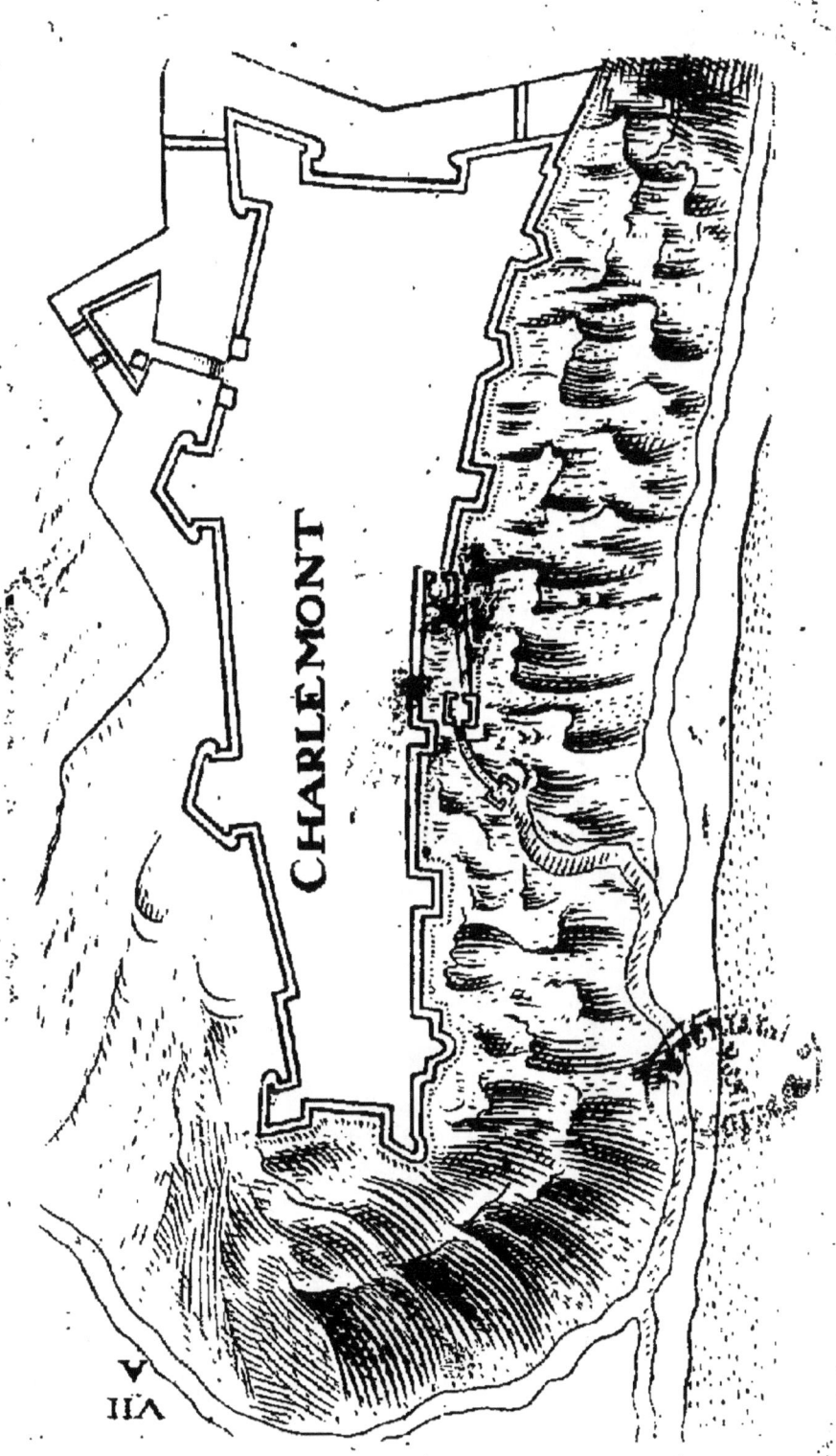

VIII
A

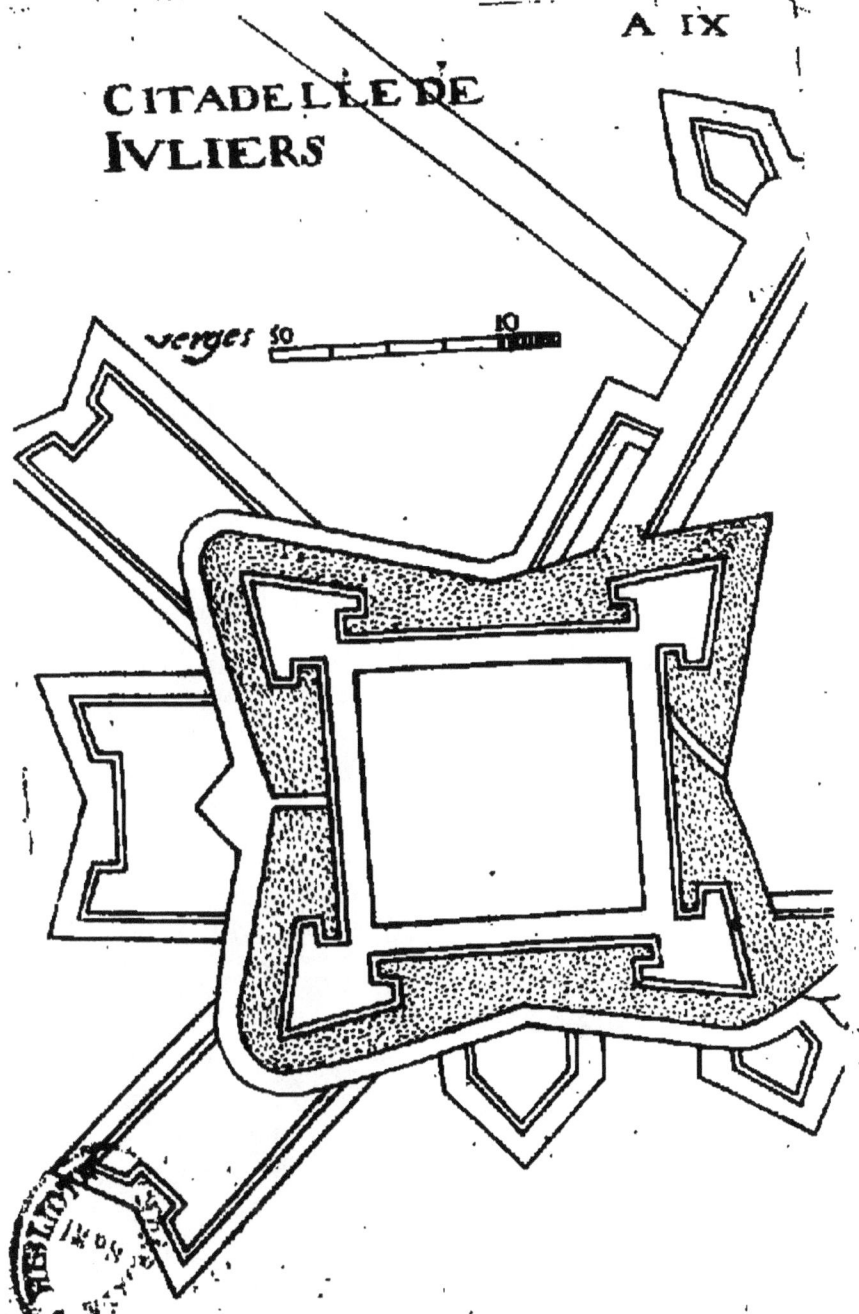

A X

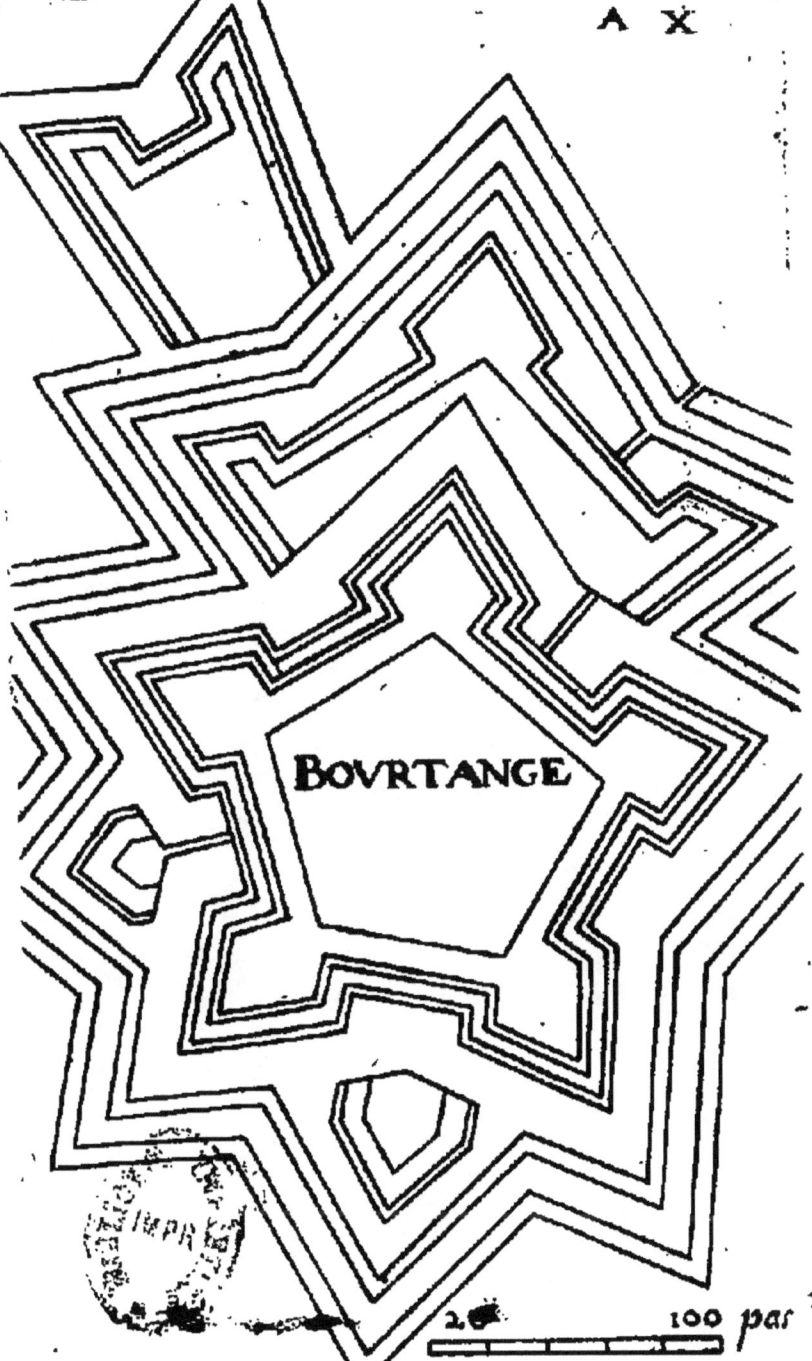

BOVRTANGE

100 par

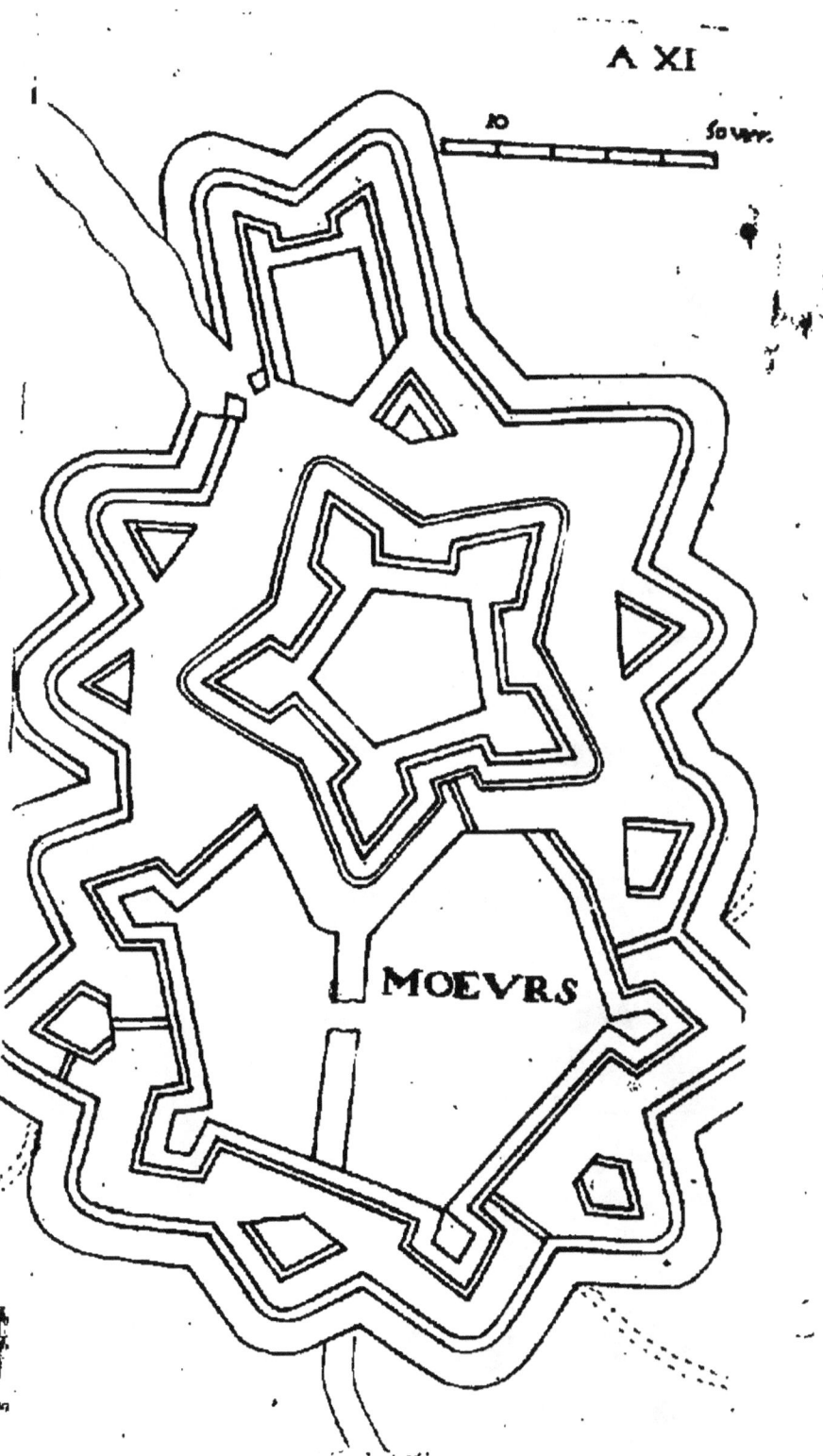

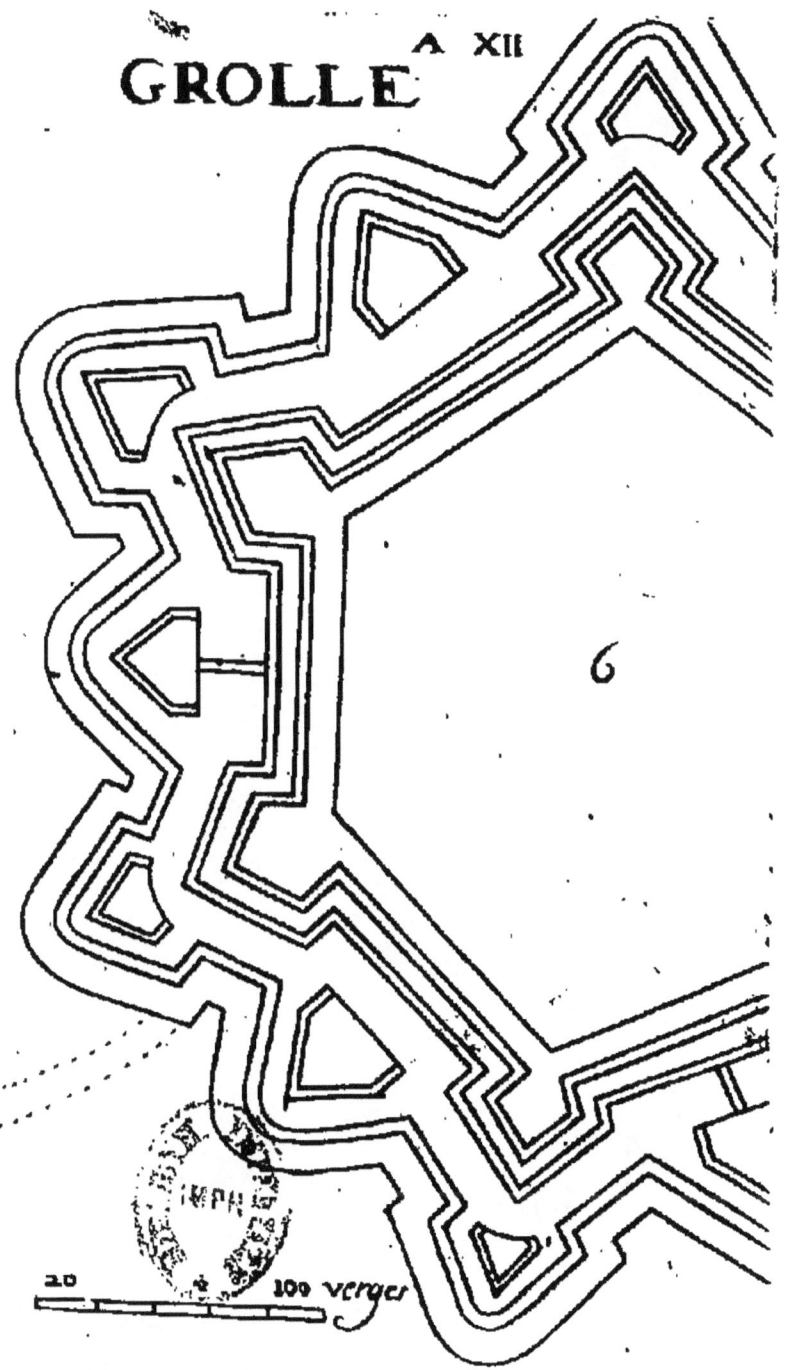

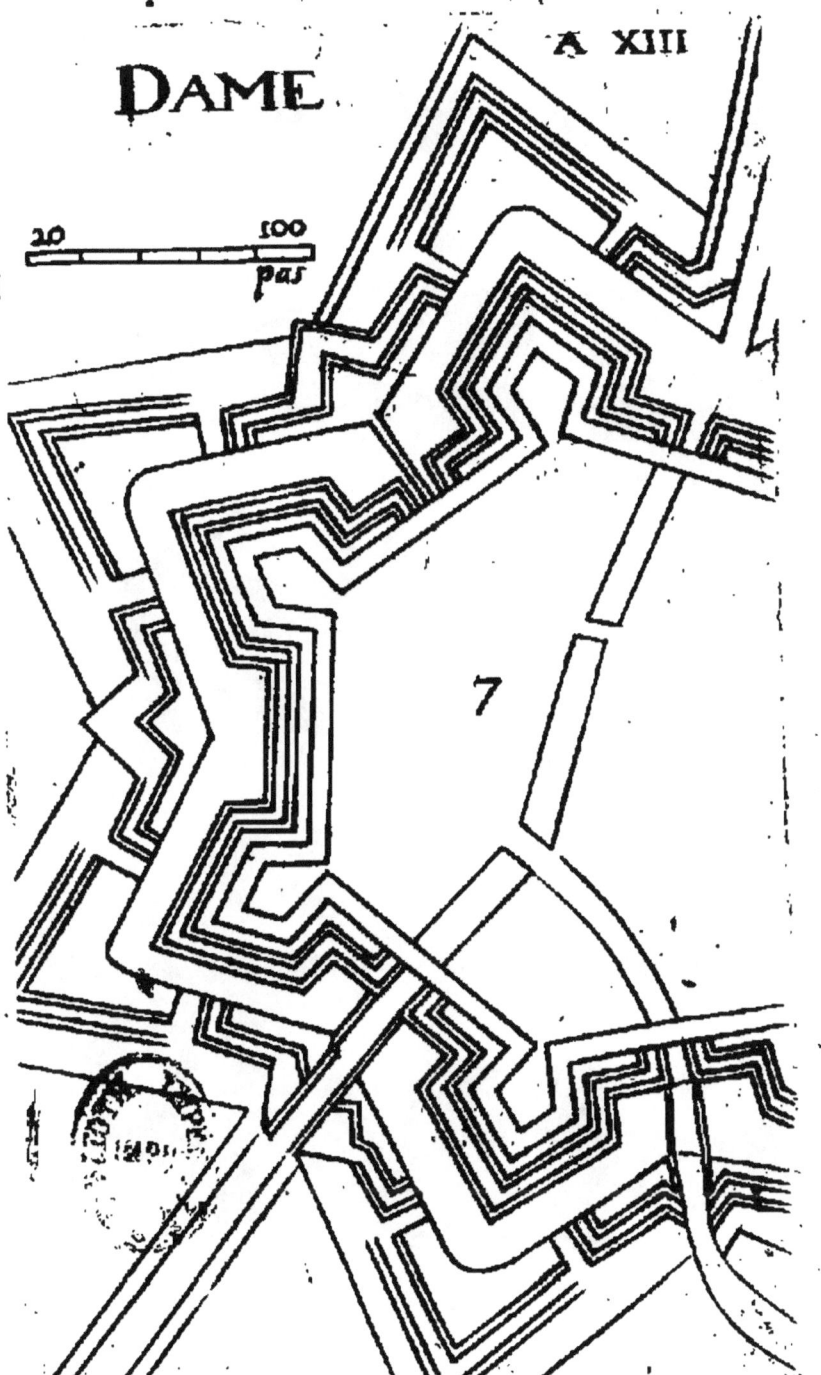

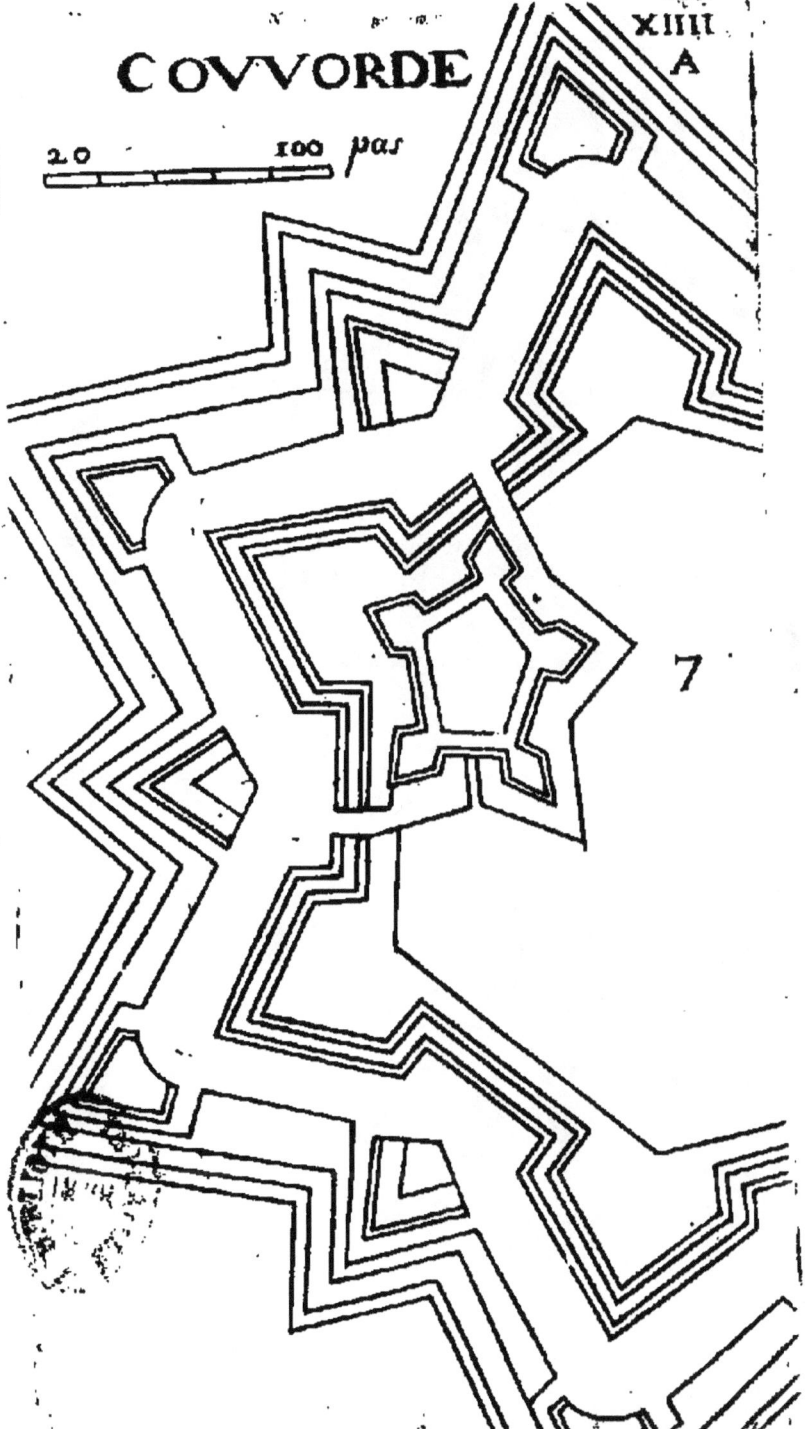

# STEVENS-WEERT

A XV

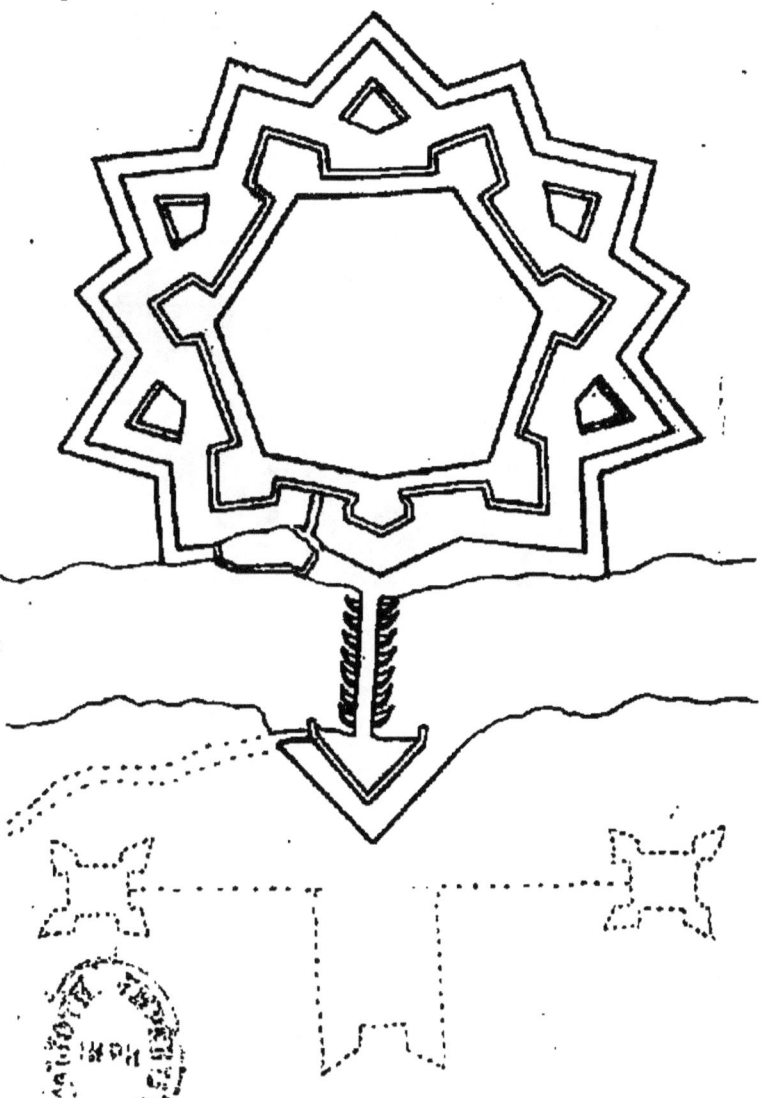

Le sas de Gan

B 1

# BREDA

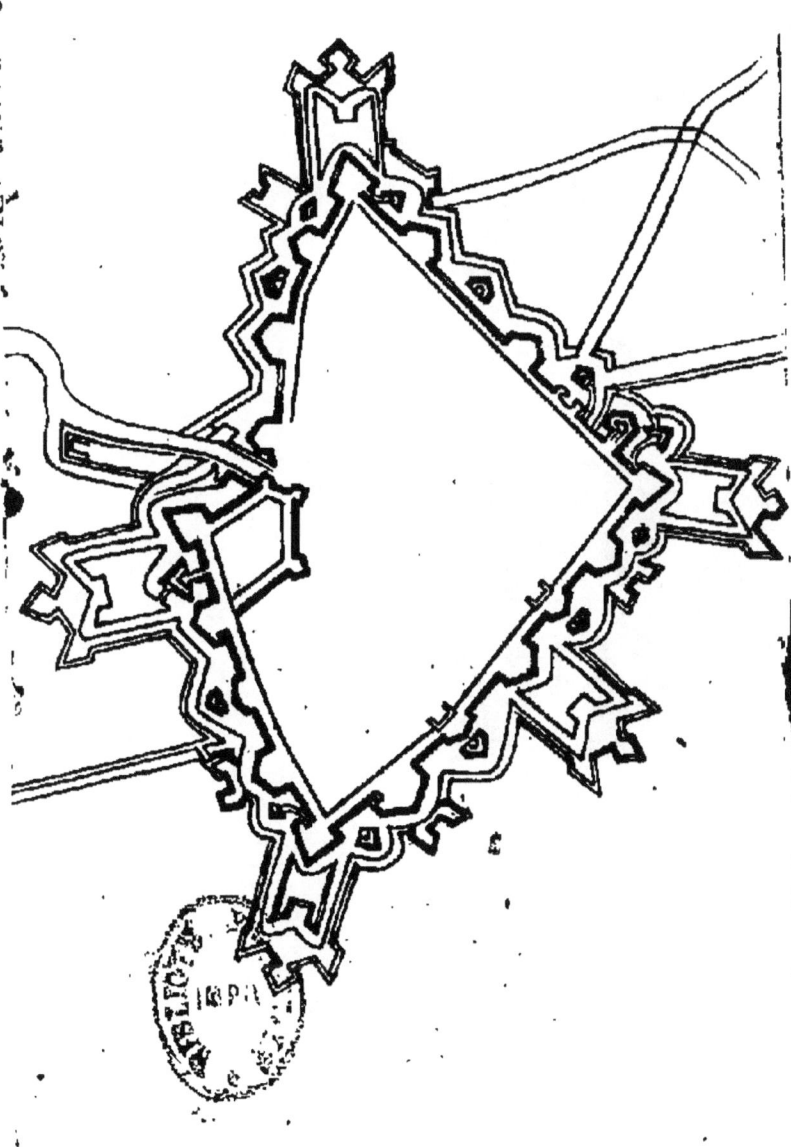

# GVENEP

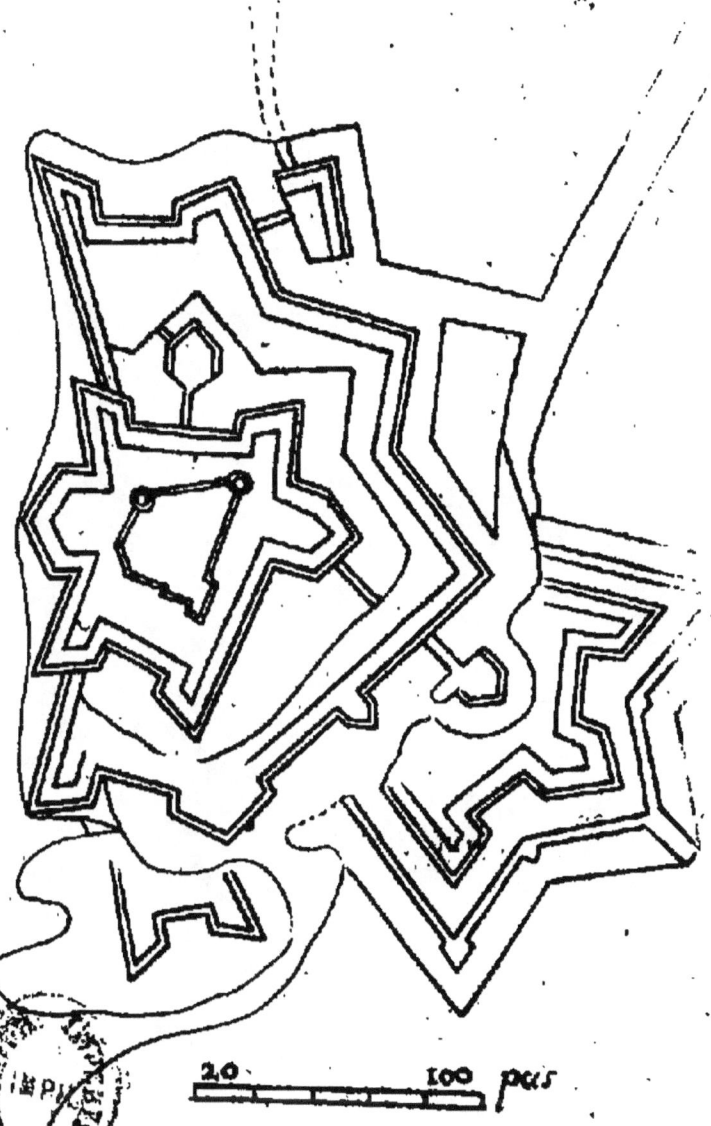

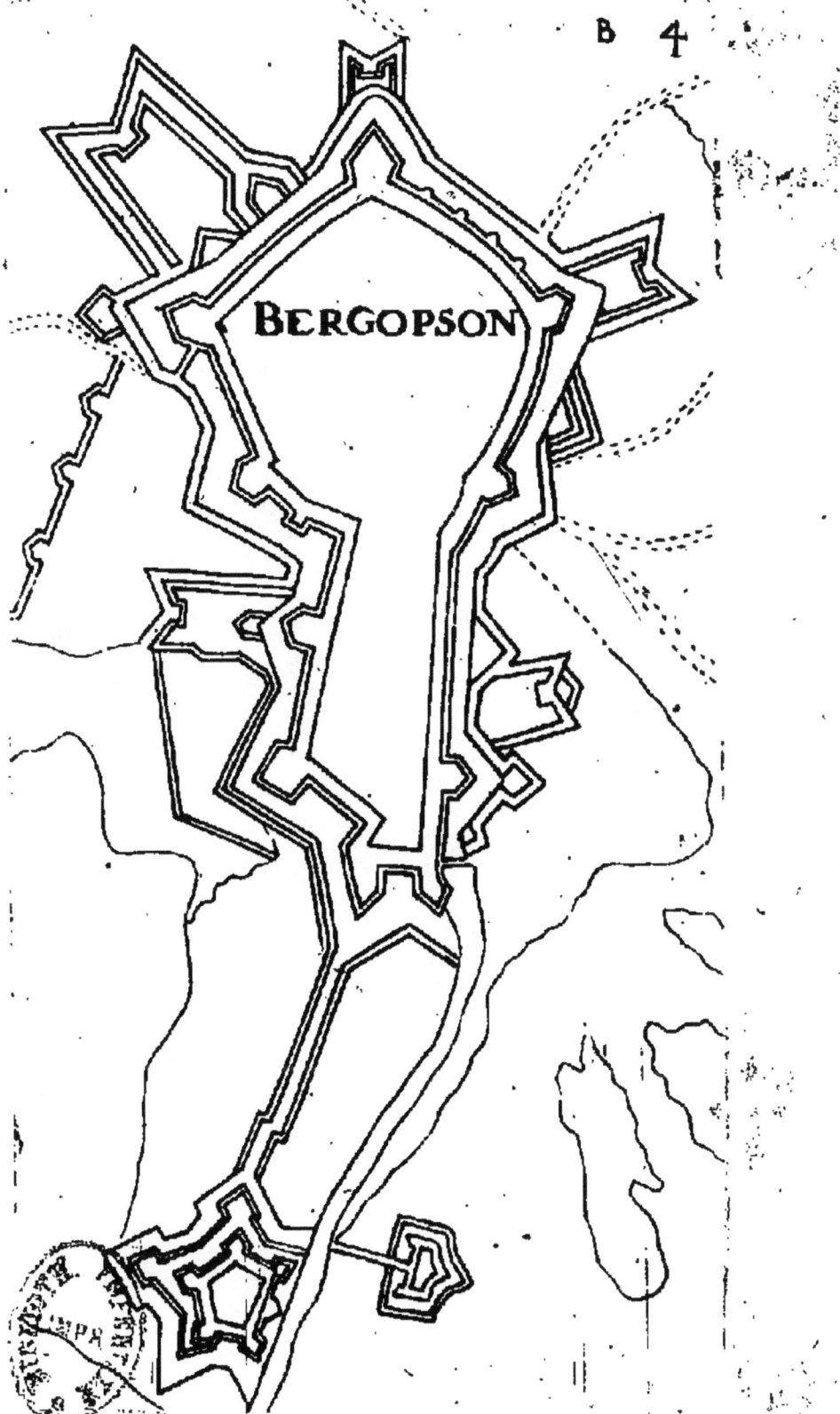

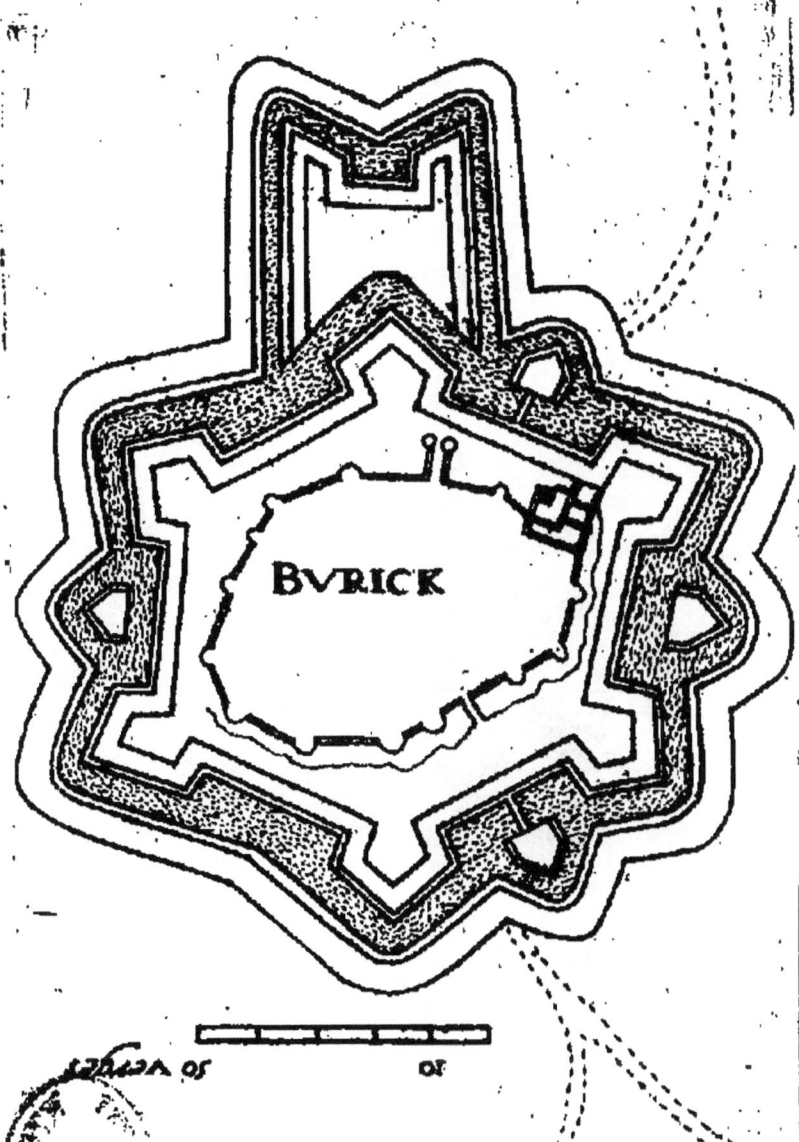

# BAPAVME B 6

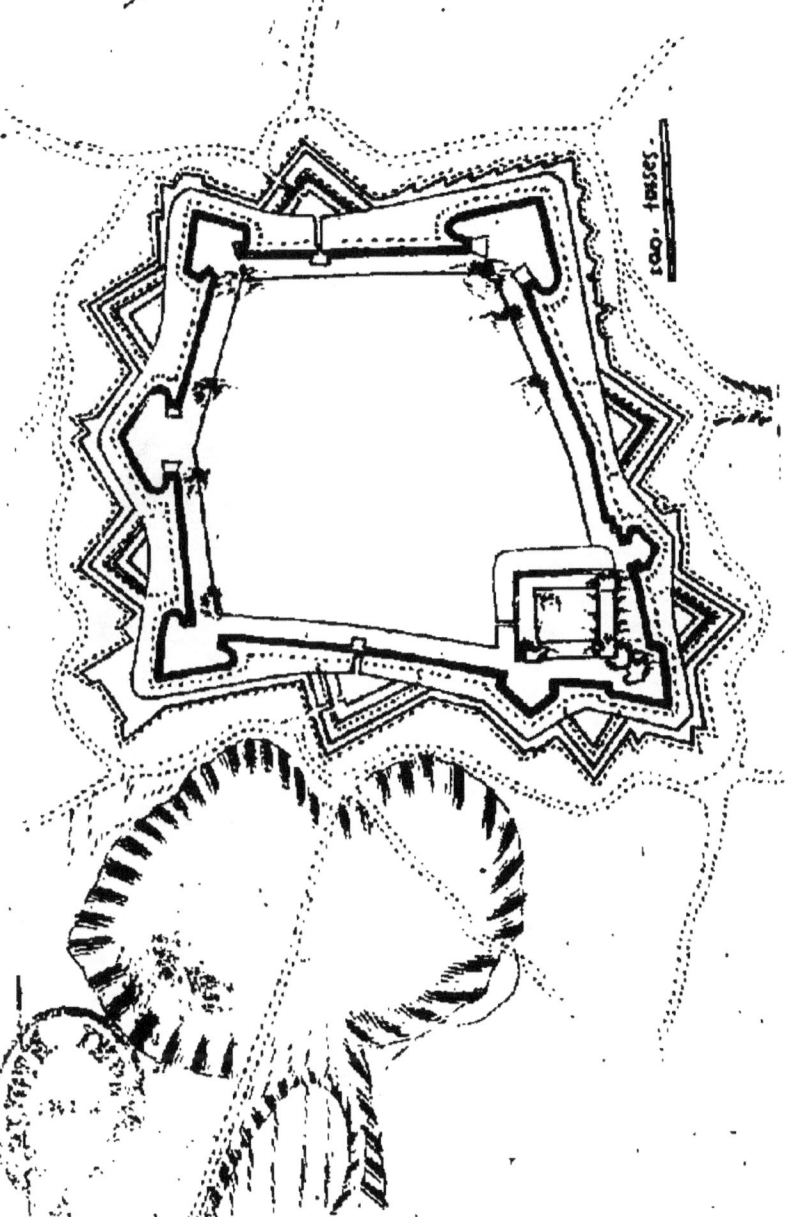

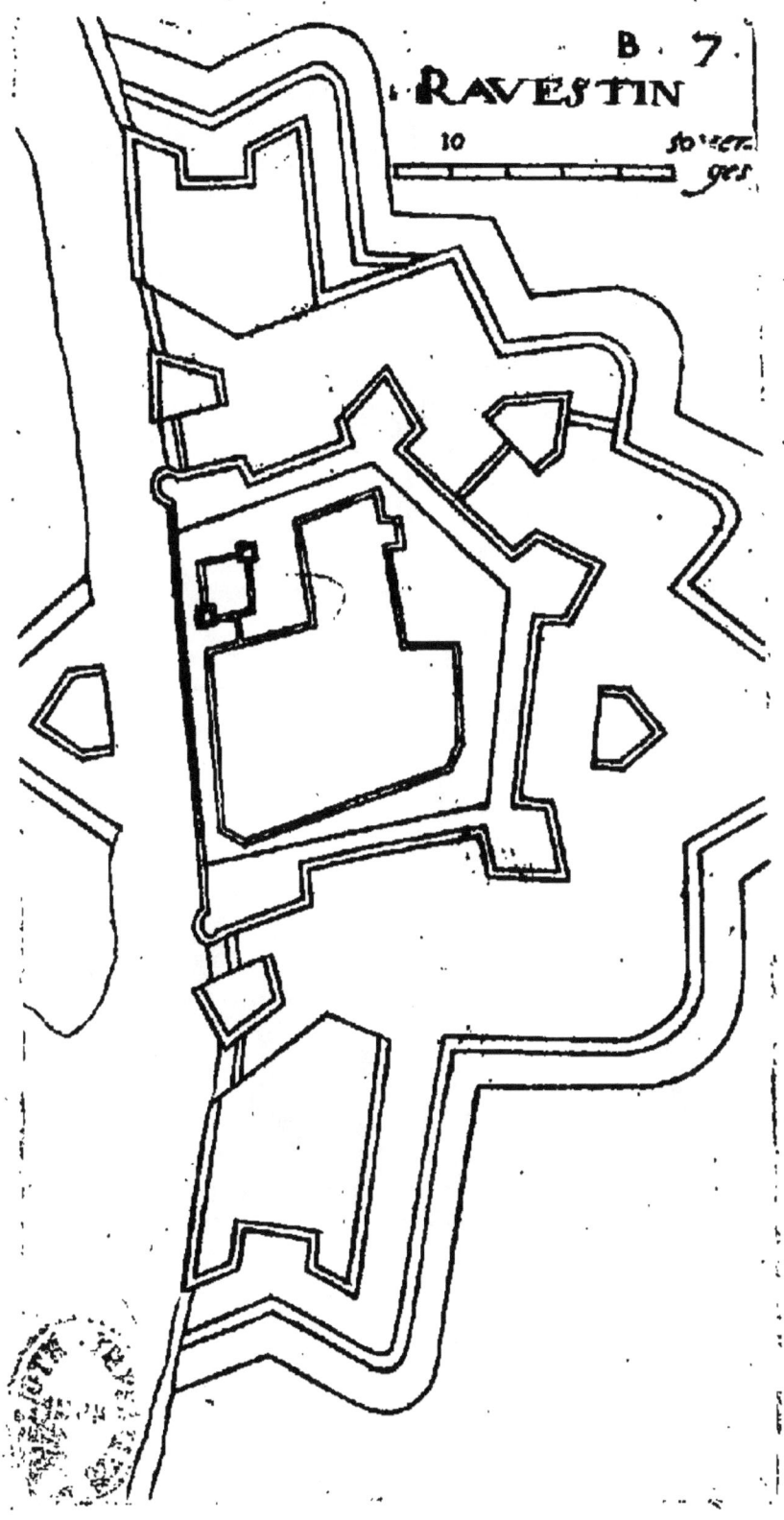

# BREVORT

B 8

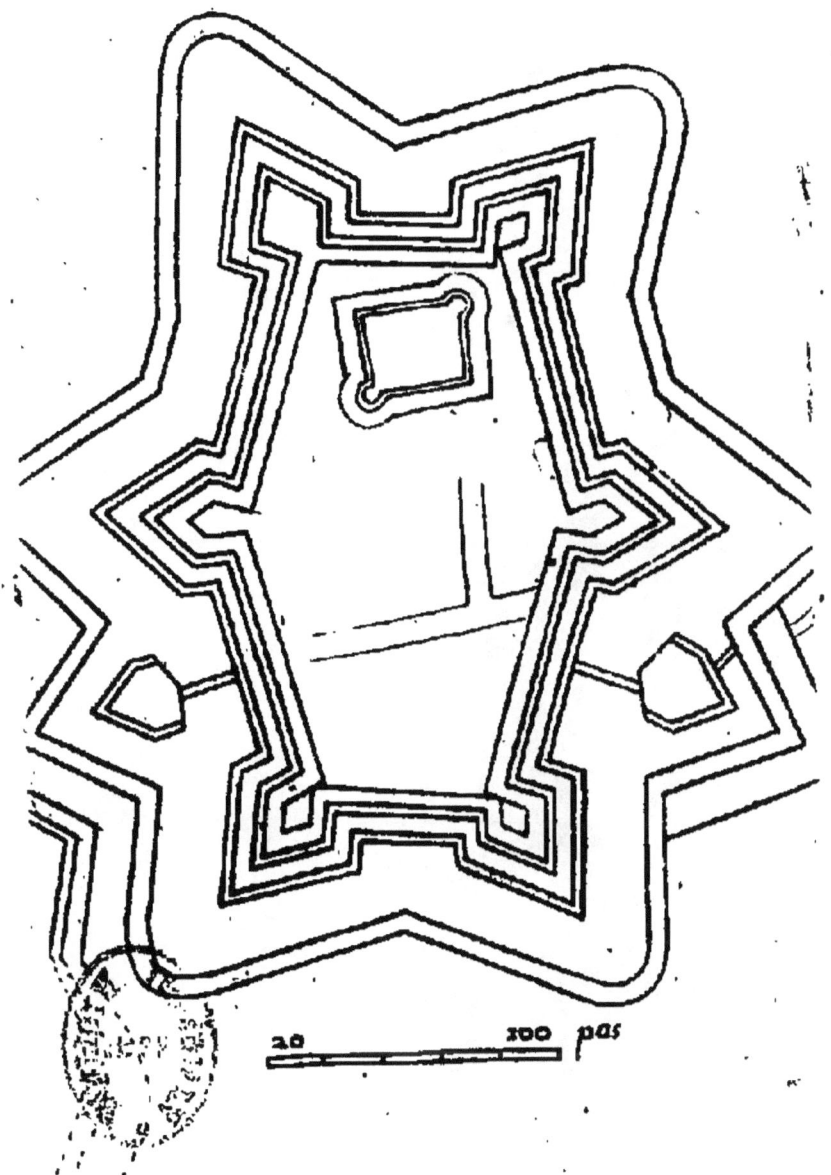

# BREVORT

B 8

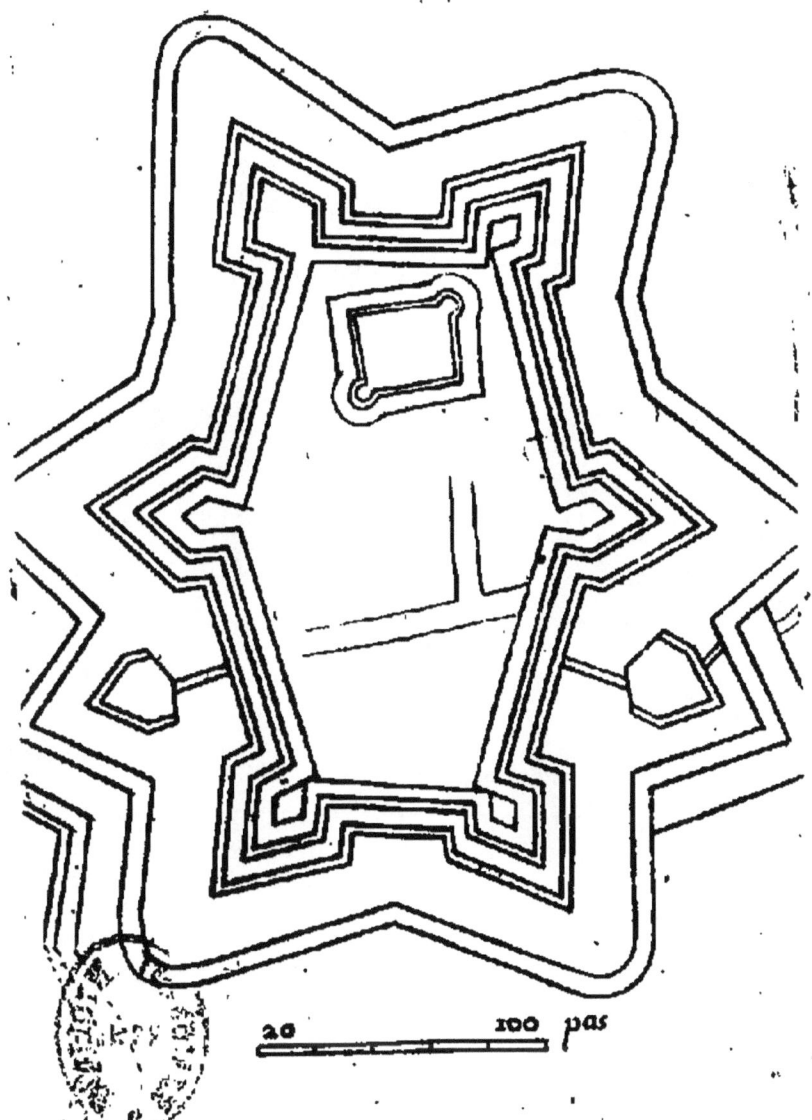

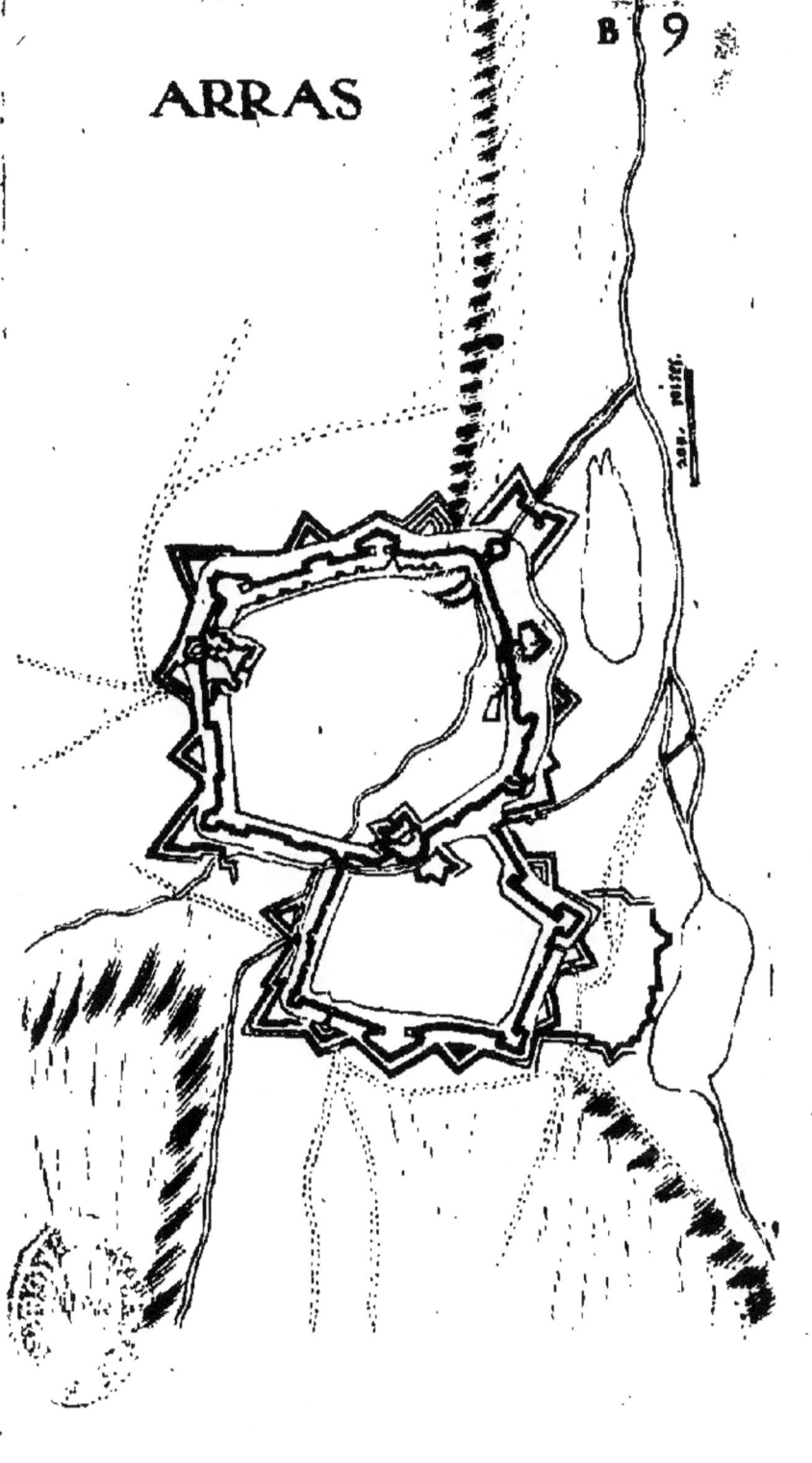

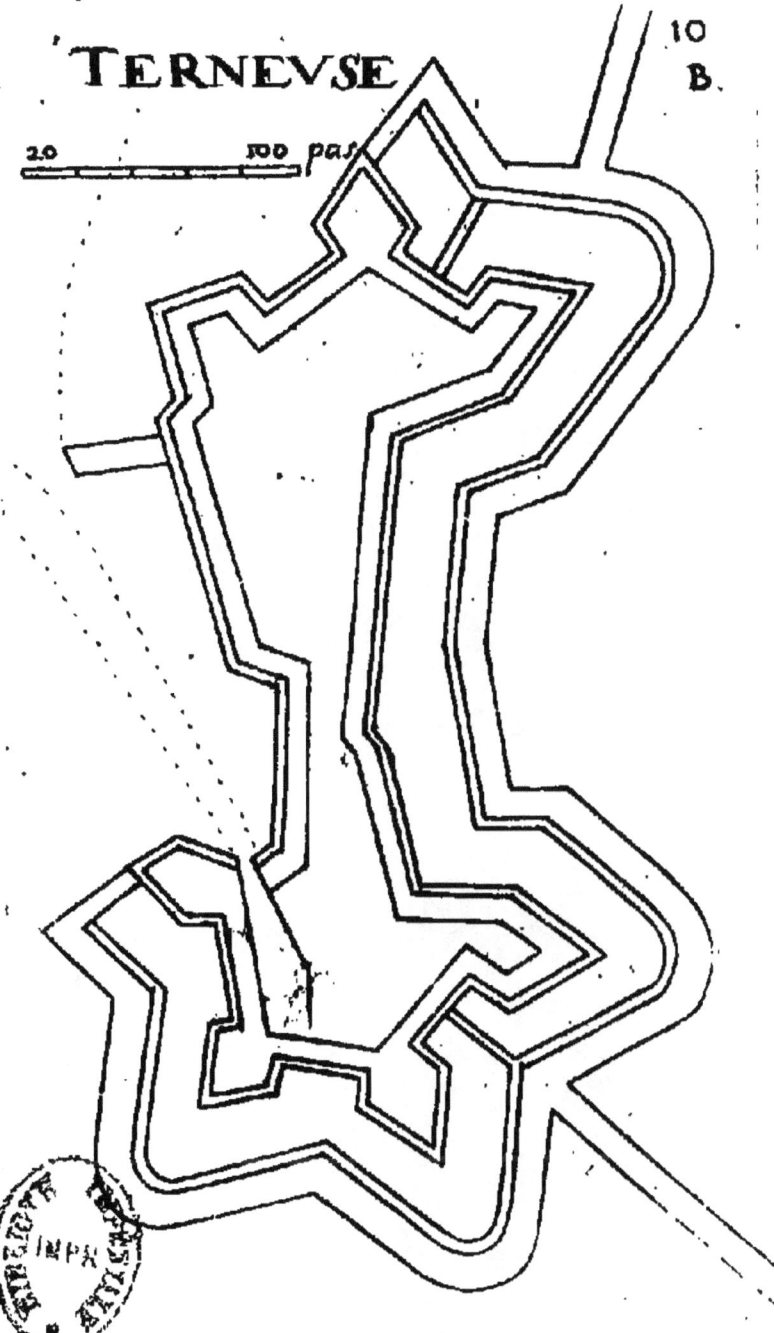

B 11

# CREVECOEVR

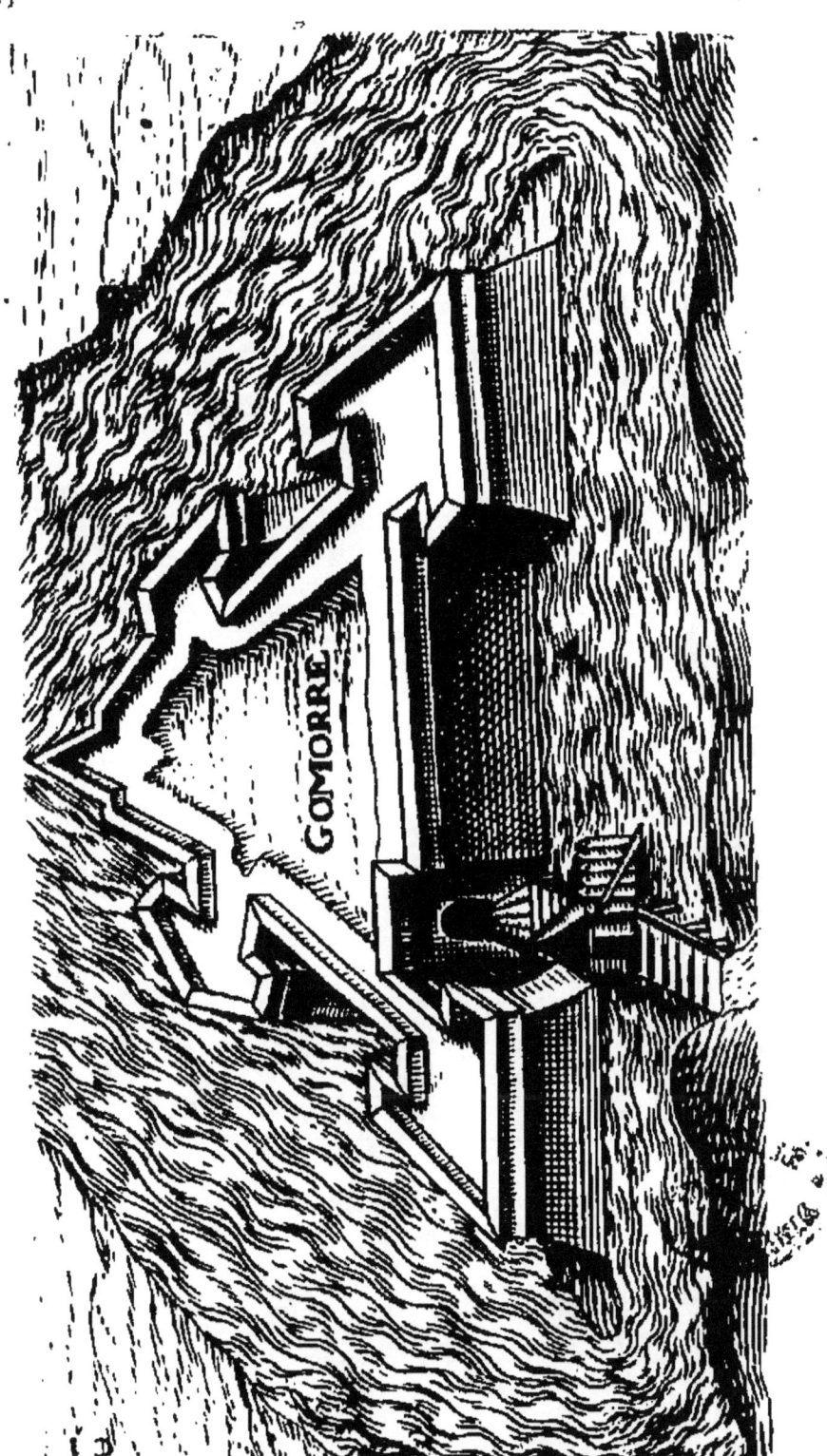

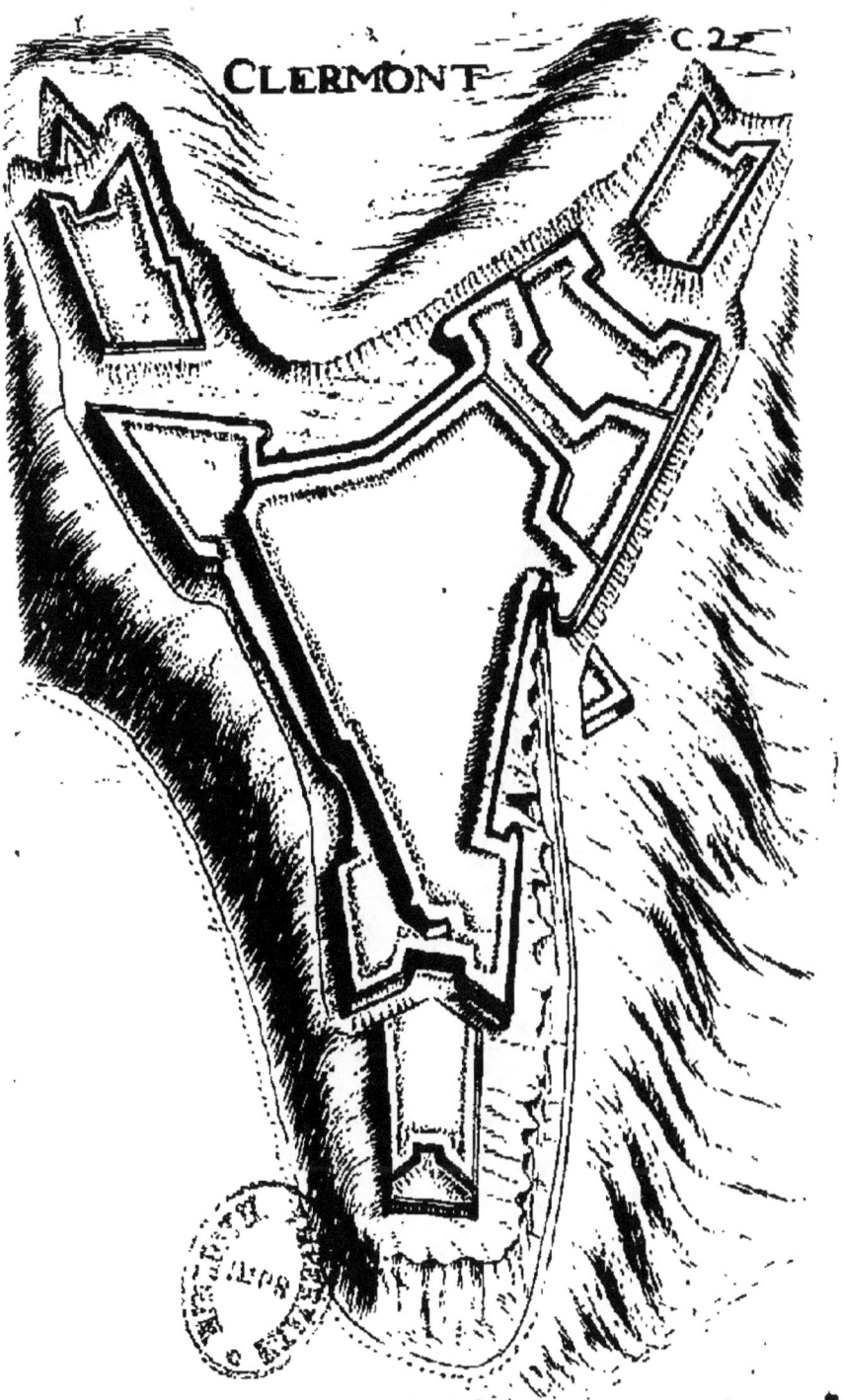

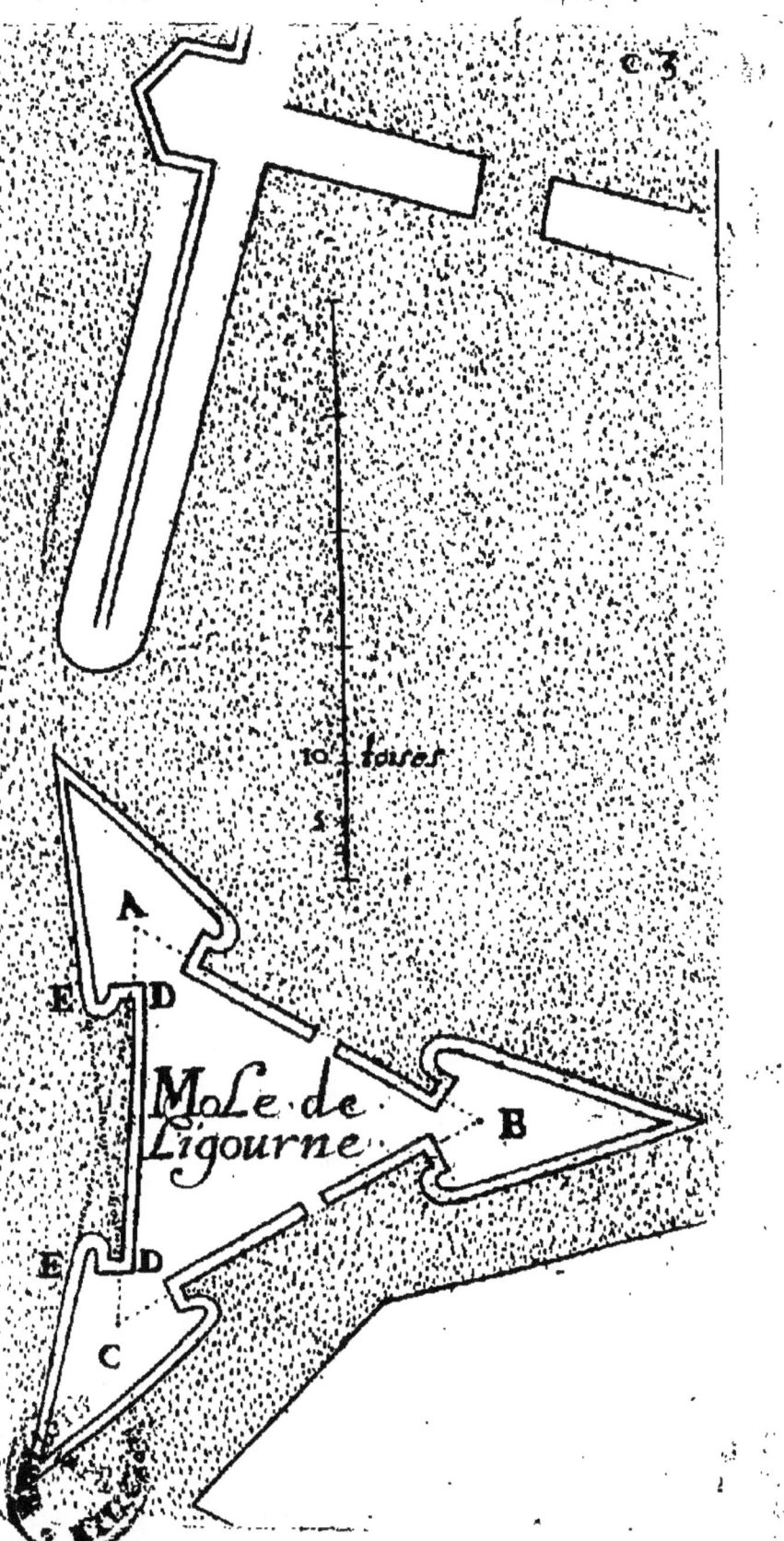

# LE FORT D'EMMERICH

c 4

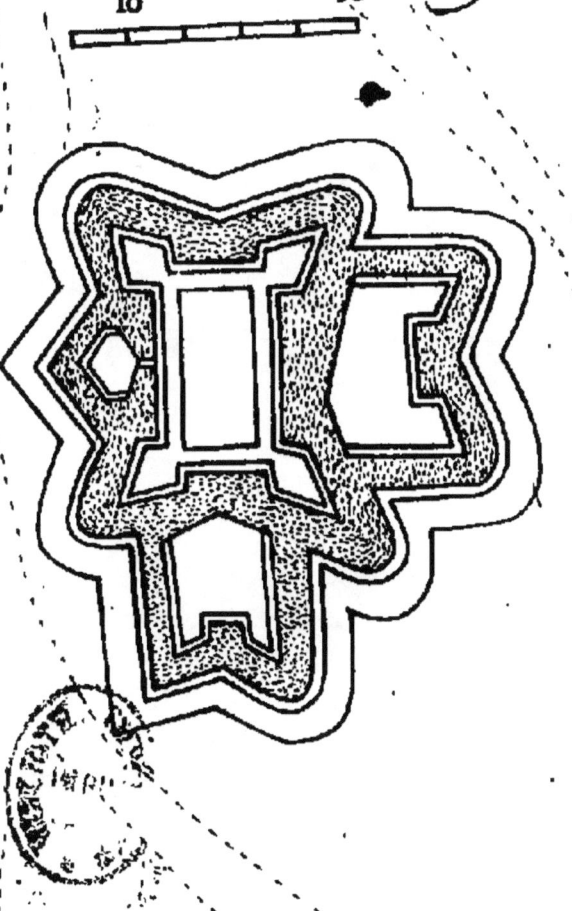

# LA PHILIPINE

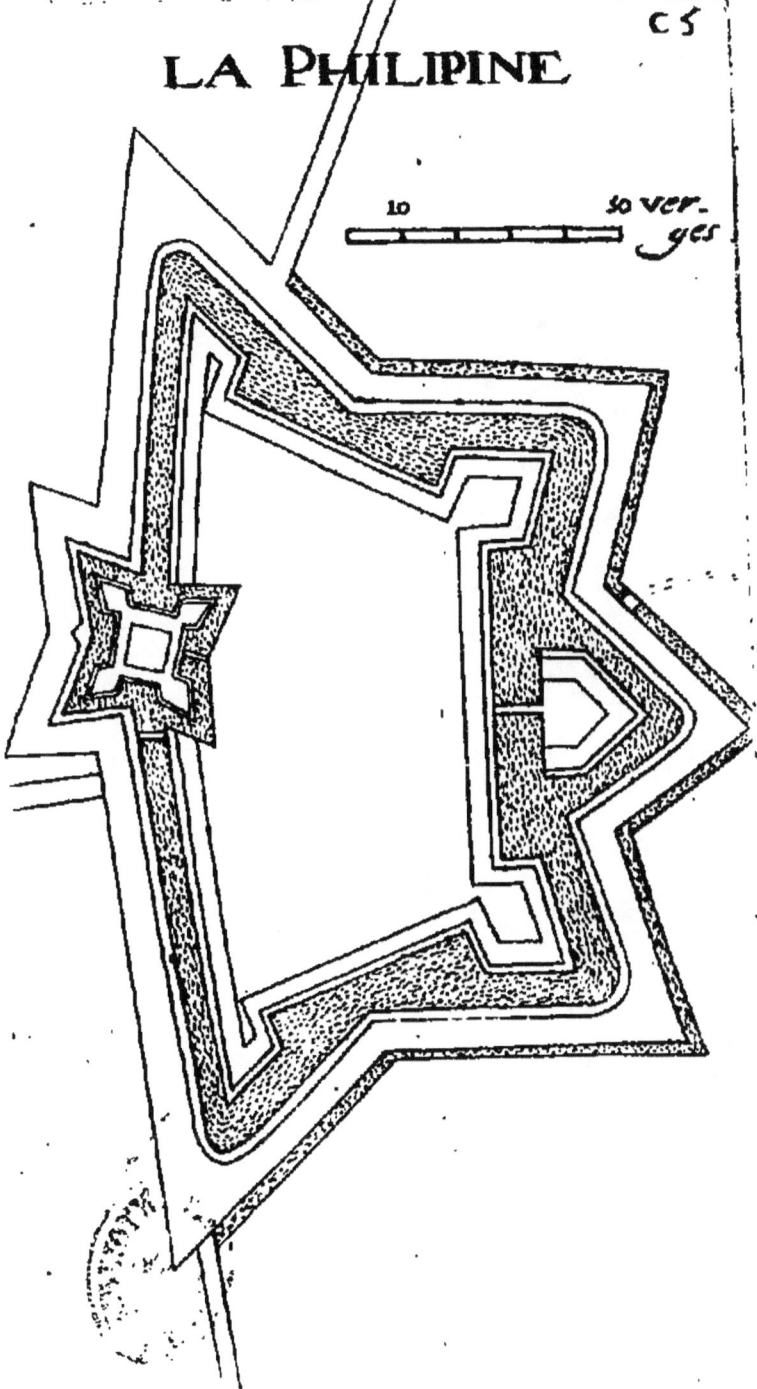

FORT QVI 66
EST DEVANT
REES AV DELA
DV REIN

# Fort de Hesmer

C 7

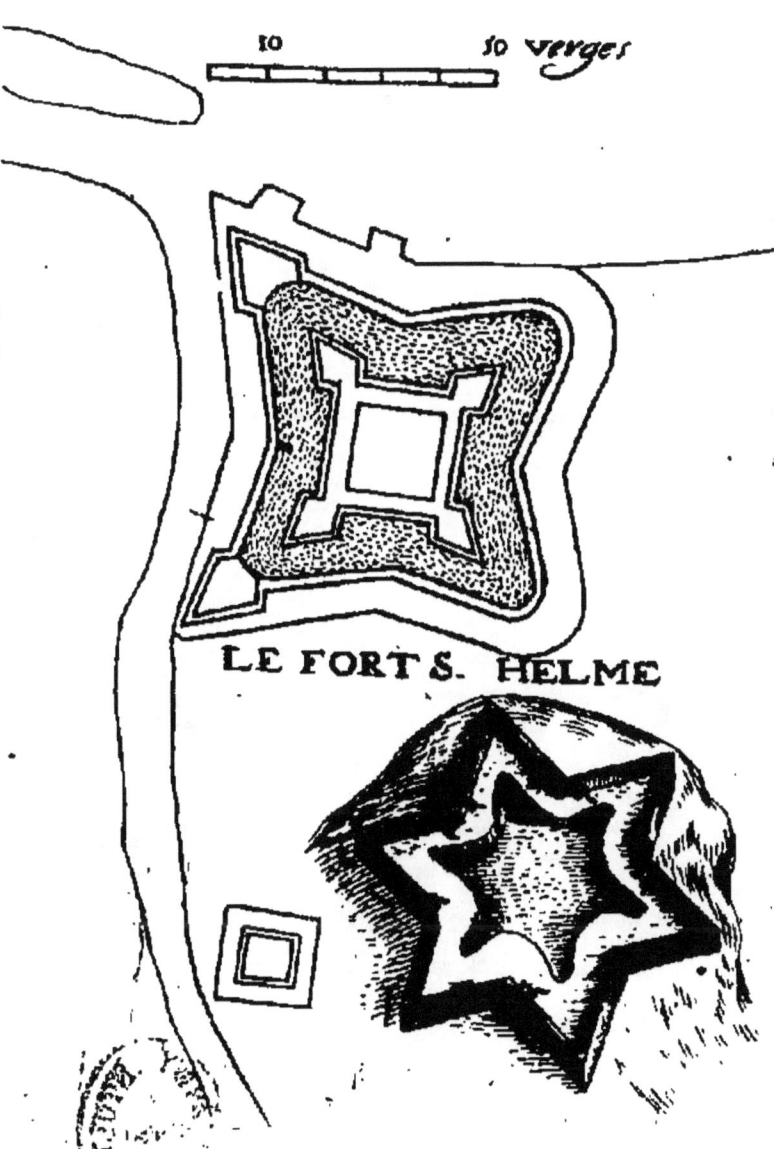

LE FORT S. HELME

## Mesures Du Plan Des Fortifications Françoises.

| | 3 | 4 | 5 | 6 | 7 | 8 | 9 | 10 | 11 | 12 |
|---|---|---|---|---|---|---|---|---|---|---|
| Si la figure est a | 87 | 106 | 127 | 180 | 207 | 236 | 263 | 291 | 319 | 348 |
| Le rayon sera de | 160 | 150 | 150 | 180 | 180 | 180 | 180 | 180 | 180 | 180 |
| Le costé du poligone | 40 | 39 | 47 | 52 | 54 | 55 | 56 | 57 | 58 | 58 |
| La ligne capitale | 25 | 25 | 25 | 30 | 30 | 30 | 30 | 30 | 30 | 30 |
| La demie gorge | 12 | 25 | 25 | 30 | 30 | 30 | 30 | 30 | 30 | 30 |
| Le flanc | 161 | 171 | 157 | 182 | 180 | 179 | 177 | 176 | 175 | 174 |
| Grande ligne de defence | 161 | 171 | 157 | 174 | 147 | 134 | 123 | 119 | 115 | 120 |
| Courte ligne de defence | 0 | 0 | 0 | 78 | 34 | 48 | 56 | 61 | 65 | 68 |
| Le feu | 60 | 68 | 54 | 58 | 36 | 35 | 34 | 33 | 53 | 52 |
| La face | 100 | 100 | 108 | 120 | 128 | 135 | 140 | 120 | 120 | 120 |
| La courtine | 60 | 90 | 108 | 120 | 128 | 135 | 140 | 144 | 147 | 150 |
| L'angle du costé | 120 | 90 | 72 | 60 | 51 | 45 | 40 | 36 | 32 | 30 |
| L'angle du centre | 45 | 62 | 80 | 90 | 90 | 90 | 90 | 90 | 90 | 90 |
| L'angle flanqué | | | | | | | | | | |

| Toises | | 4 | 5 | 6 | 7 | 8 | 9 | 10 | 11 | 12 |
|---|---|---|---|---|---|---|---|---|---|---|
| Si la figure est | A | | | | | | | | | |
| Le rayon aura | | 84 | 102 | 120 | 138 | 156 | 175 | 194 | 212 | 231 |
| Le costé du poligone aura | | 120 | 120 | 120 | 120 | 120 | 120 | 120 | 120 | 120 |
| La ligne capitale | | 40 | 38 | 35 | 36 | 37 | 38 | 38 | 38 | 39 |
| La demie gorge | | 20 | 20 | 20 | 20 | 20 | 20 | 20 | 20 | 20 |
| Le flanc | | 20 | 20 | 20 | 20 | 20 | 20 | 20 | 20 | 20 |
| La grande ligne de deffence | | 130 | 126 | 121 | 120 | 119 | 118 | 117 | 116 | 116 |
| La courte ligne de deffence | | 130 | 126 | 116 | 98 | 88 | 83 | 80 | 77 | 75 |
| Le feu | | 0 | 0 | 5 | 23 | 32 | 36 | 41 | 43 | 45 |
| La face | | 47 | 43 | 39 | 38 | 37 | 36 | 36 | 35 | 35 |

# Mesures Du Plan Des Fortifications Hollandoises.

| Si la figure est | 4 | 5 | 6 | 7 | 8 | 9 | 10 | 11 | 12 |
|---|---|---|---|---|---|---|---|---|---|
| Le petit rayon aura | 75.2.5 | 96.4.8 | 117.2.2 | 138.4.7 | 160.3.0 | 182.3.4 | 204.5.6 | 227.1.1 | 250.3.10 |
| Le grand rayon | 112.2.3 | 138.1.5 | 160.4.2 | 183.3.2 | 206.3.5 | 229.4.0 | 253.0.0 | 276.2.0 | 300.2.5 |
| La ligne capitale | 37.0.0 | 41.2.9 | 43.1.5 | 44.4.7 | 46.0.5 | 47.1.2 | 48.1.0 | 49.0.1 | 49.4.7 |
| Le costé du poligone | 106.3.8 | 113.4.6 | 117.2.10 | 120.4.6 | 122.5.10 | 124.5.2 | 126.3.8 | 128.0.6 | 129.4.0 |
| La demie gorge | 17.1.10 | 20.5.1 | 22.4.5 | 24.1.13 | 25.2.1 | 26.2.7 | 27.1.10 | 28.0.3 | 28.5.3 |
| Le flanc | 14.5.1 | 17.3.1 | 19.0.5 | 20.1.11 | 21.2.0 | 22.2.5 | 23.3.1 | 24.0.5 | |
| La courte ligne de defence | 101.0.7 | 100.2.11 | 97.5.0 | 96.4.4 | 96.0.4 | 96.0.3 | 96.0.1 | 4%.0.11 | |
| La grande ligne de defence | 135.5.11 | 142.0.11 | 144.4.0 | 145.3.3 | 146.4.8 | 147.4.11 | 148.4.3 | 149.2.11 | 150.3.0 |
| Le feu | 17.4.11 | 22.3.11 | 25.5.3 | 27.4.4 | 28.4.4 | 29.2.2 | 29.2.2 | 30.0.7 | 30.4.11 |
| De la pointe d'un bastion a l'autre | 138.5.5 | 162.3.9 | 160.4.2 | 159.1.6 | 158.0.7 | 157.0.11 | | | 155.4.3 |

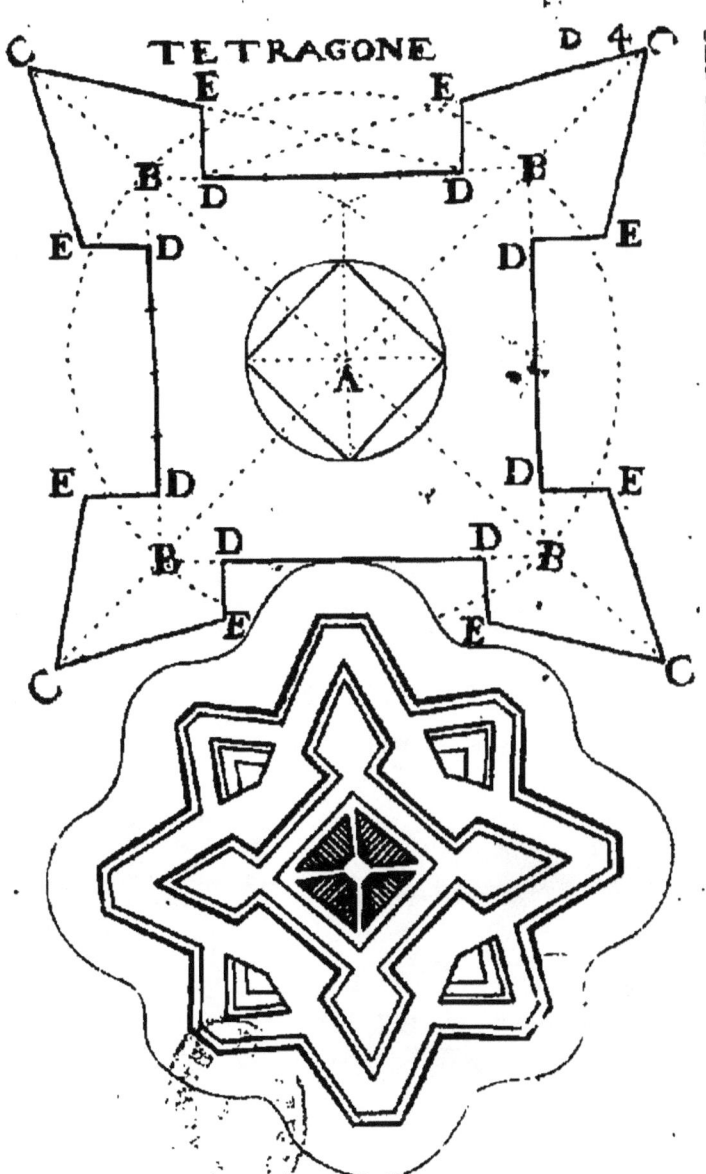

Tetragone

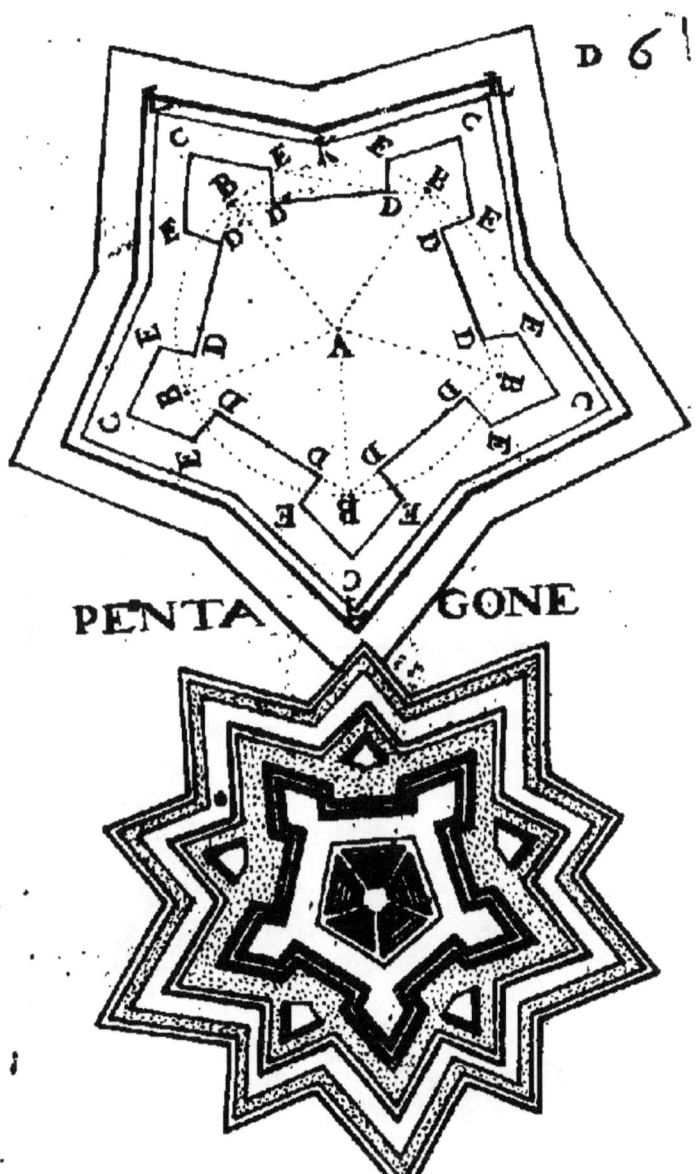

PENTAGONE

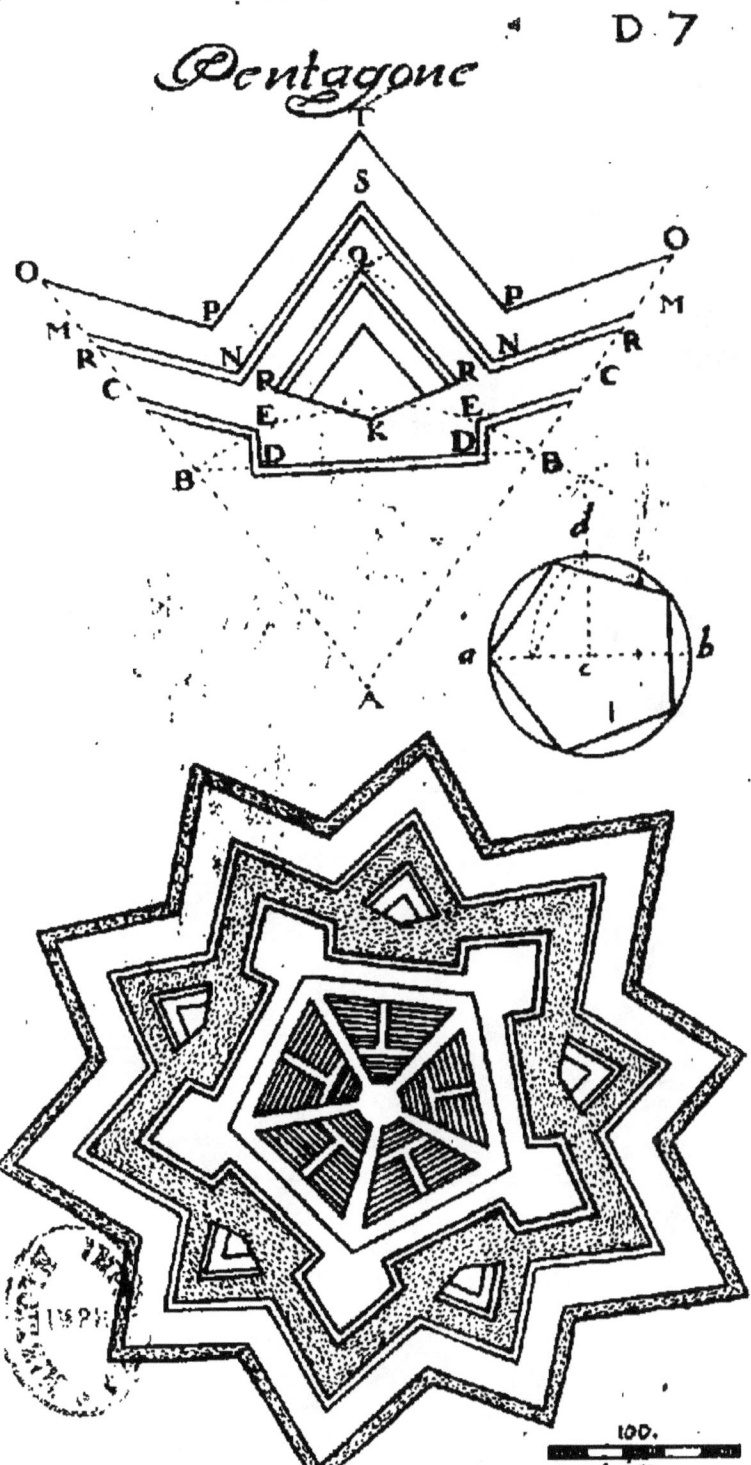

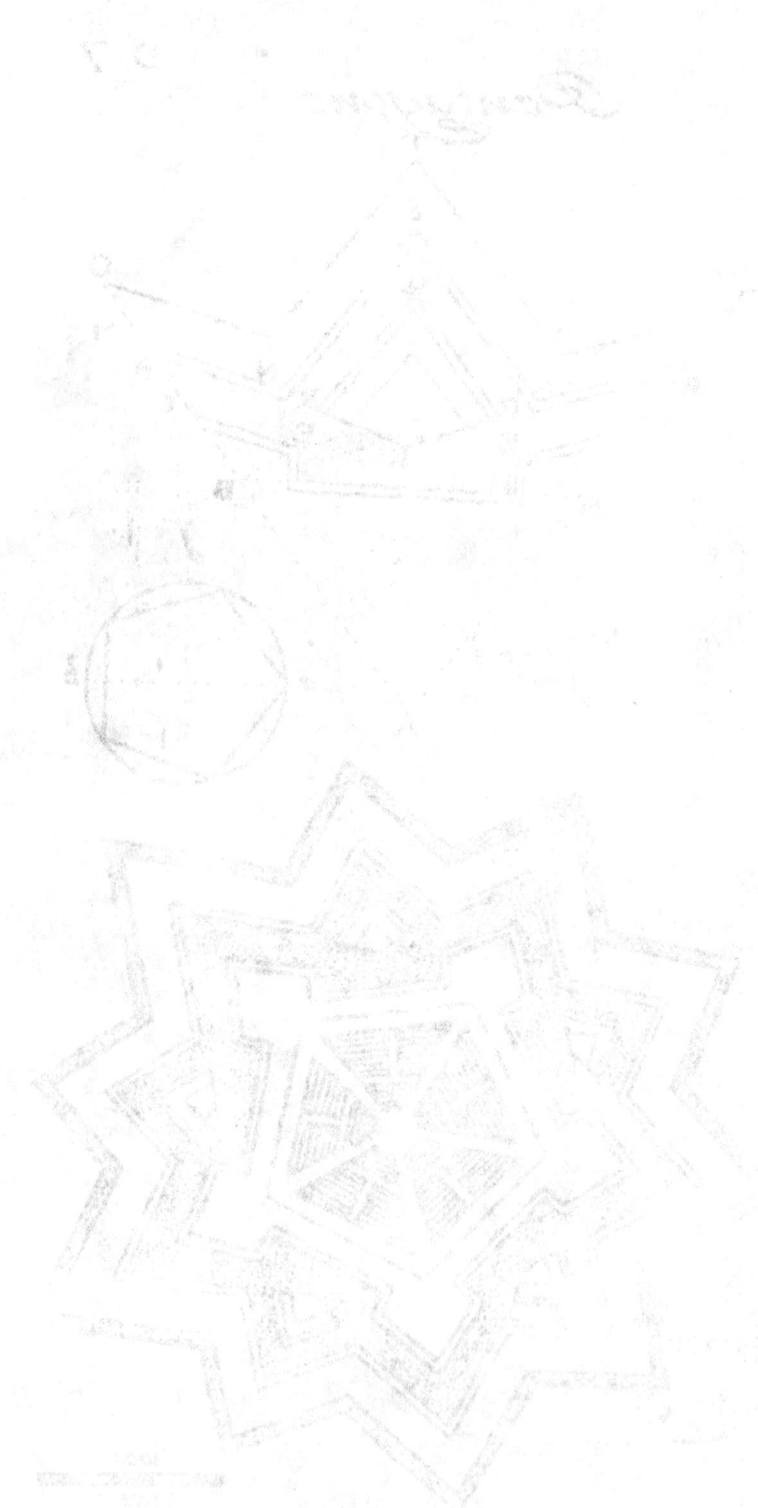

# HEXAGONE  D 8

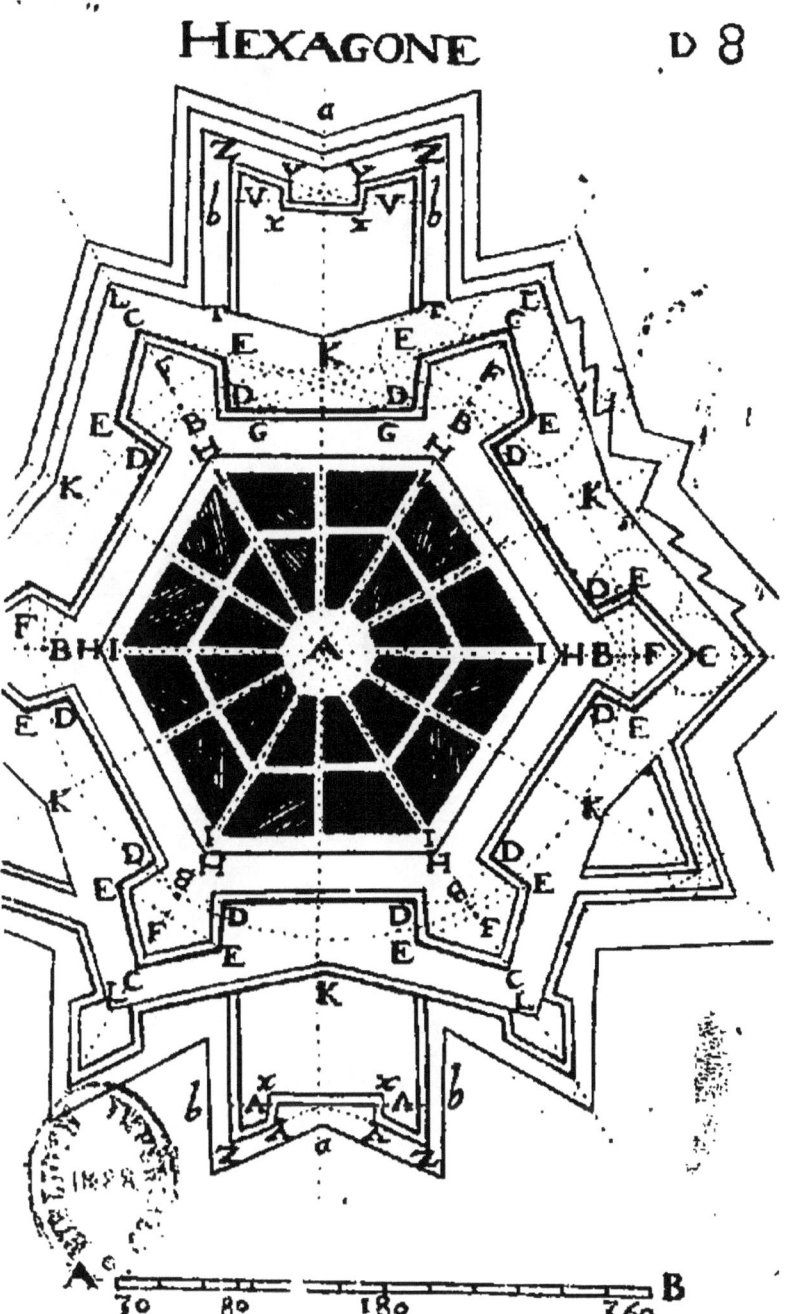

# Hexagone

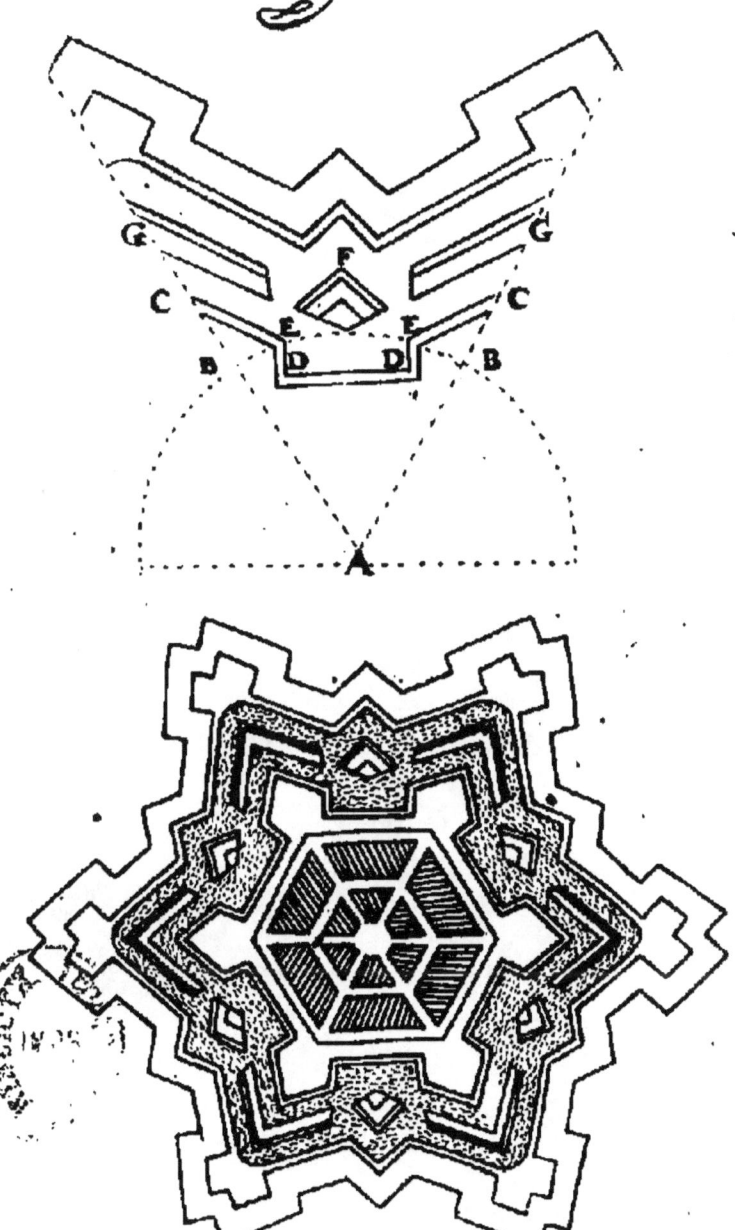

# EPTAGONE

D 10

# Octogone

D 11

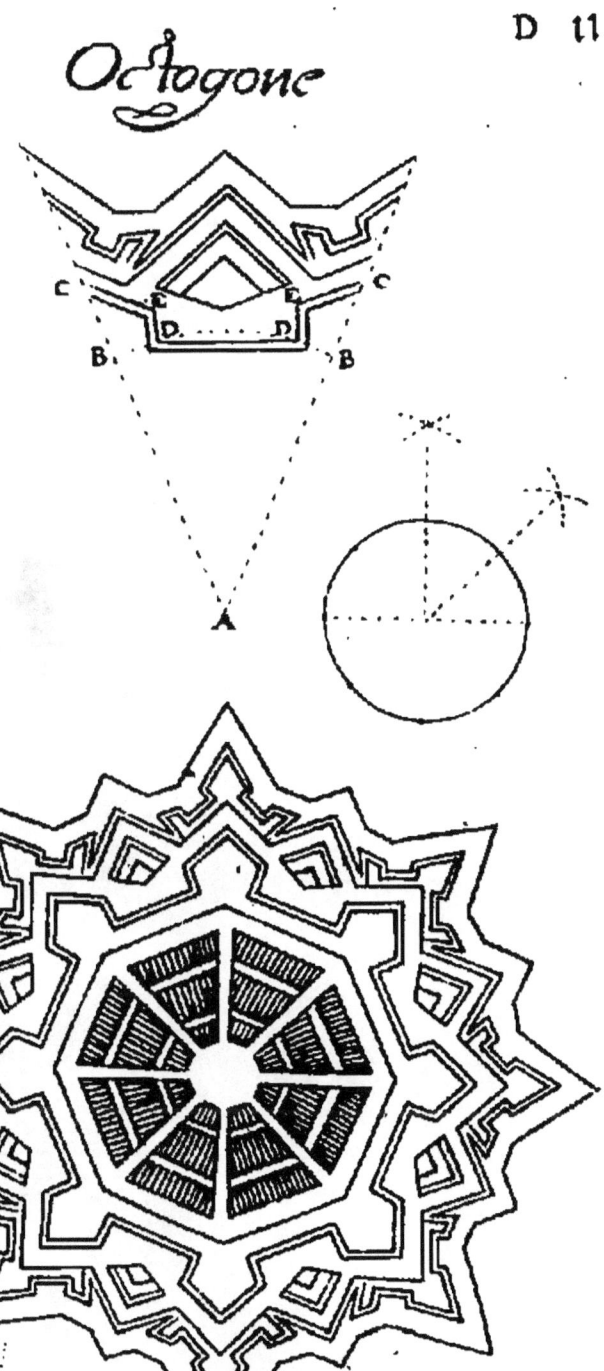

# ENNEAGONE

D 12

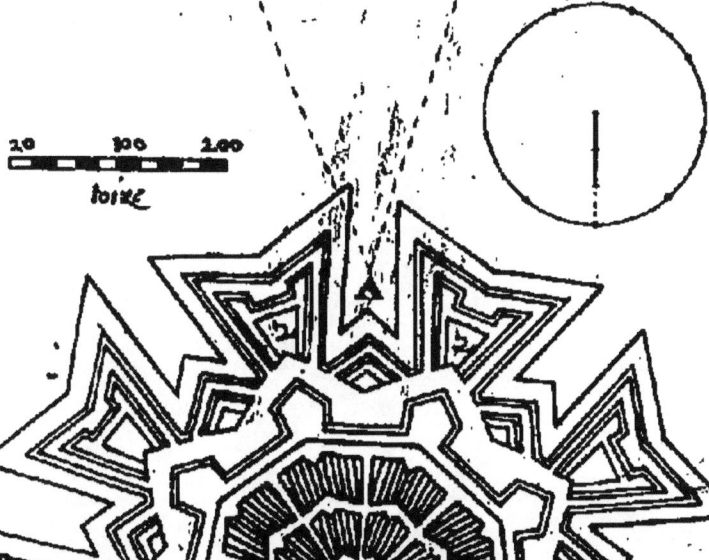

# Decagone

D 13

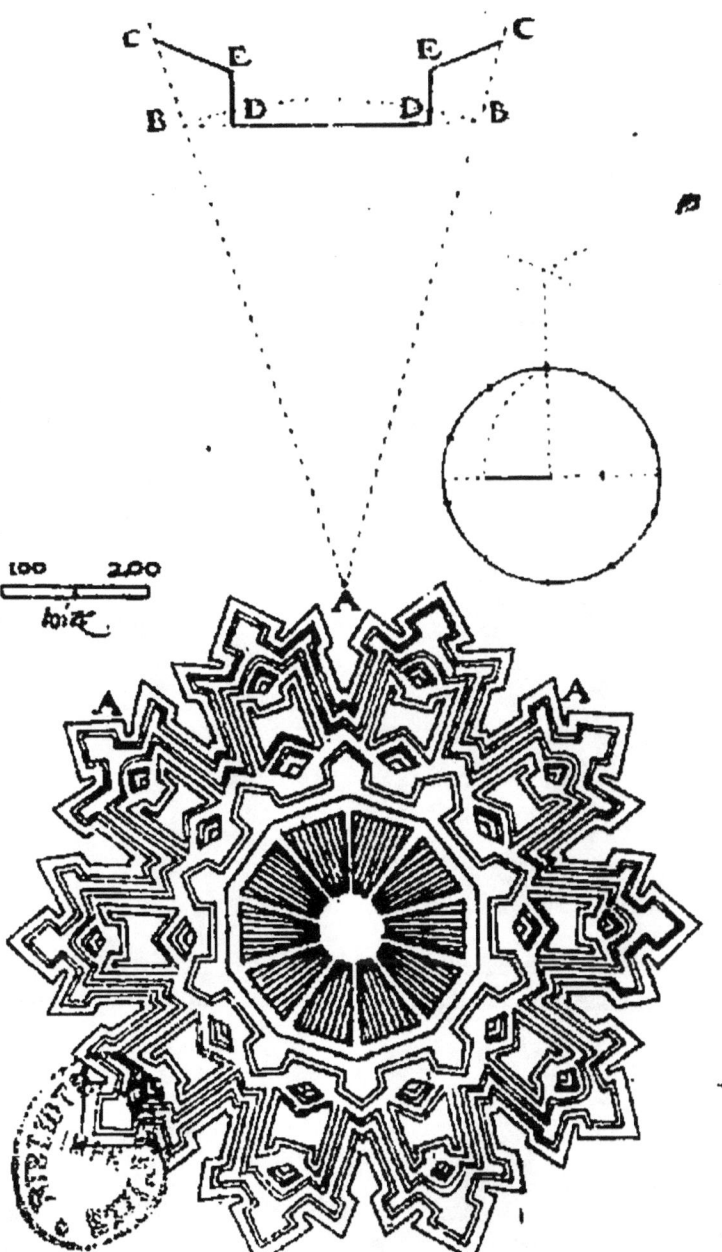

# ENDECAGONE  D 14

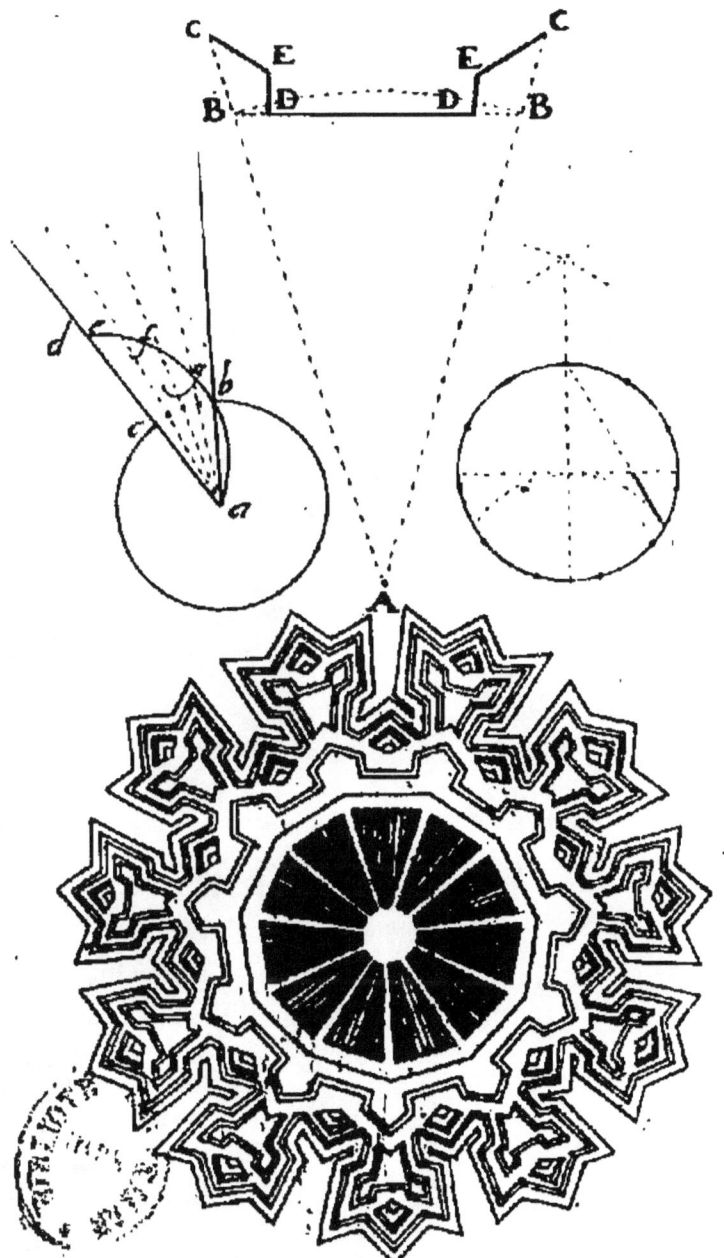

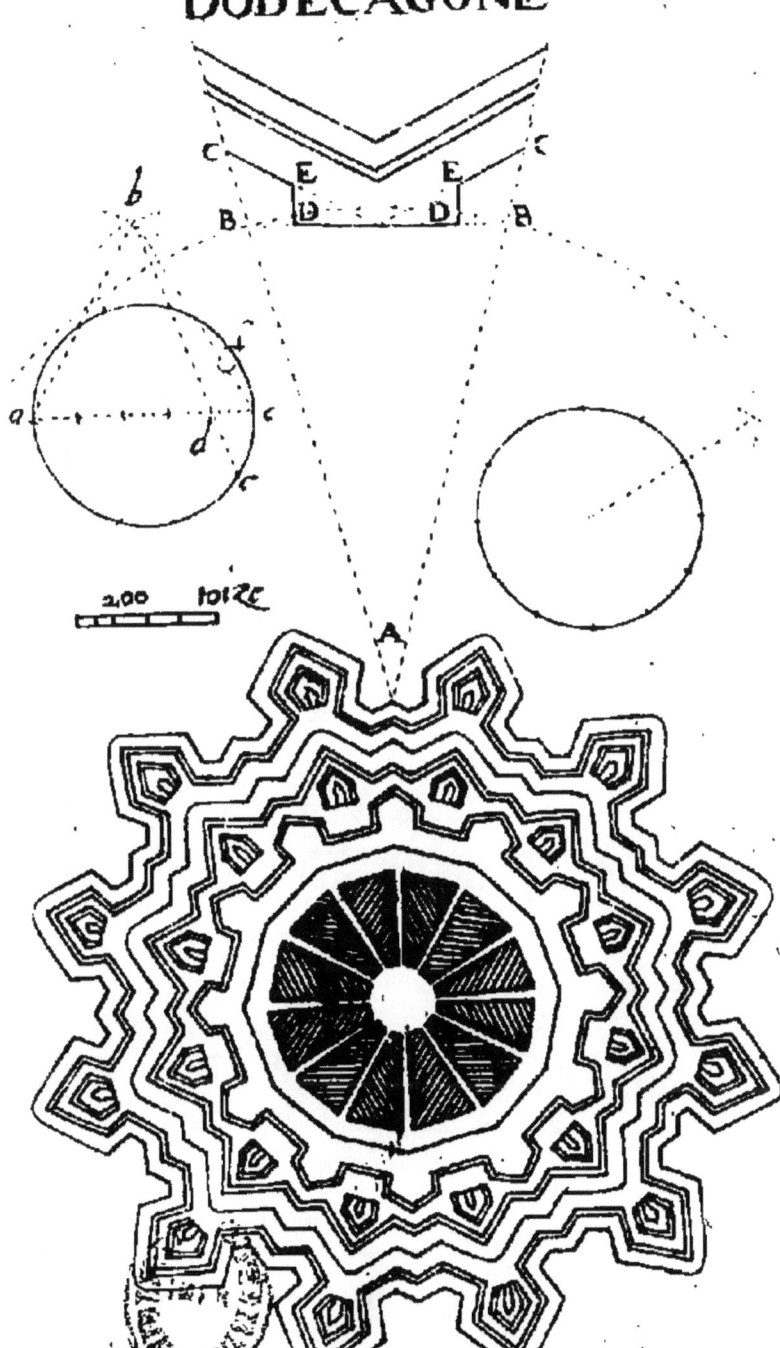

DODECAGONE   D 15

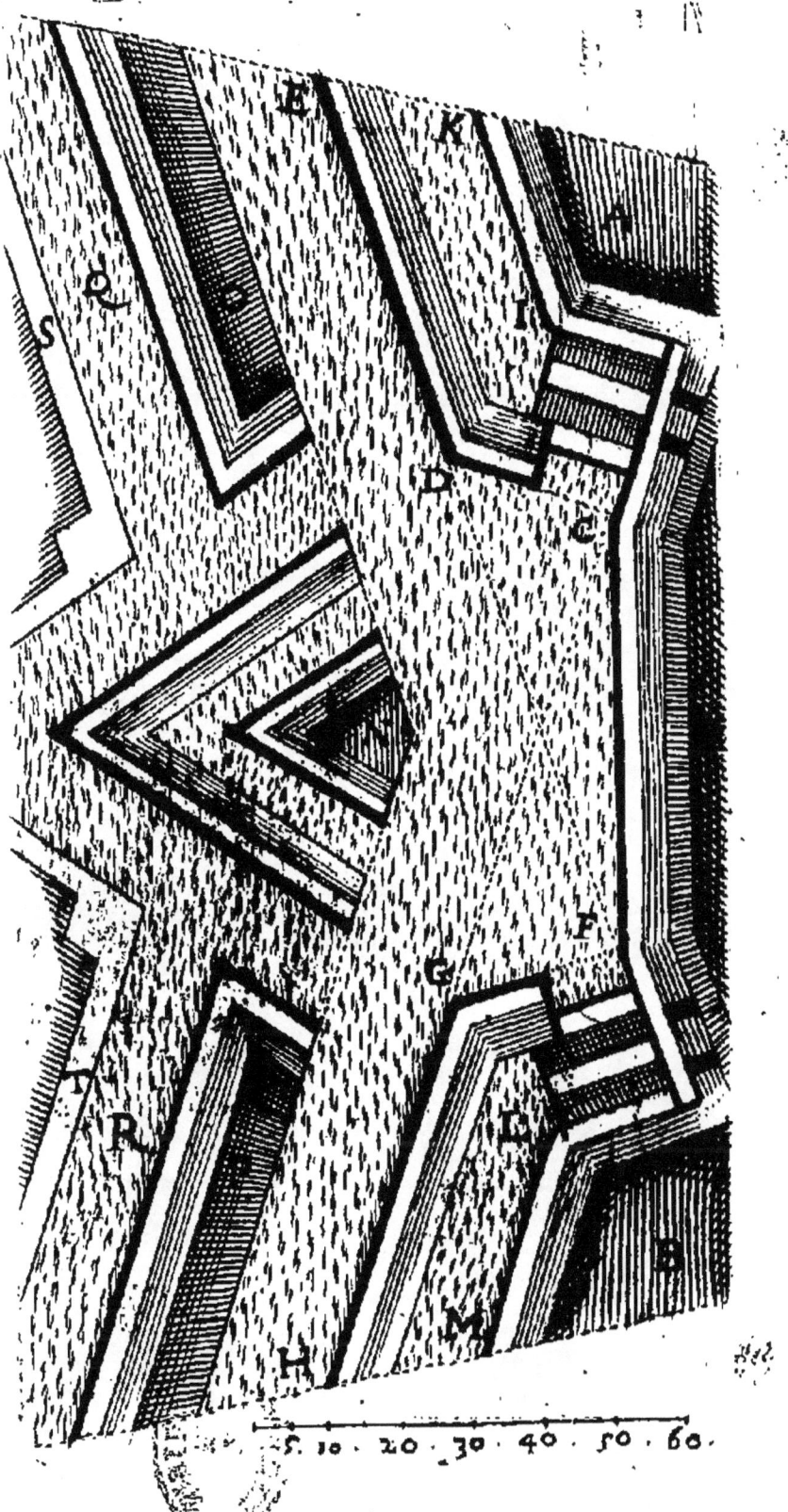

D 17

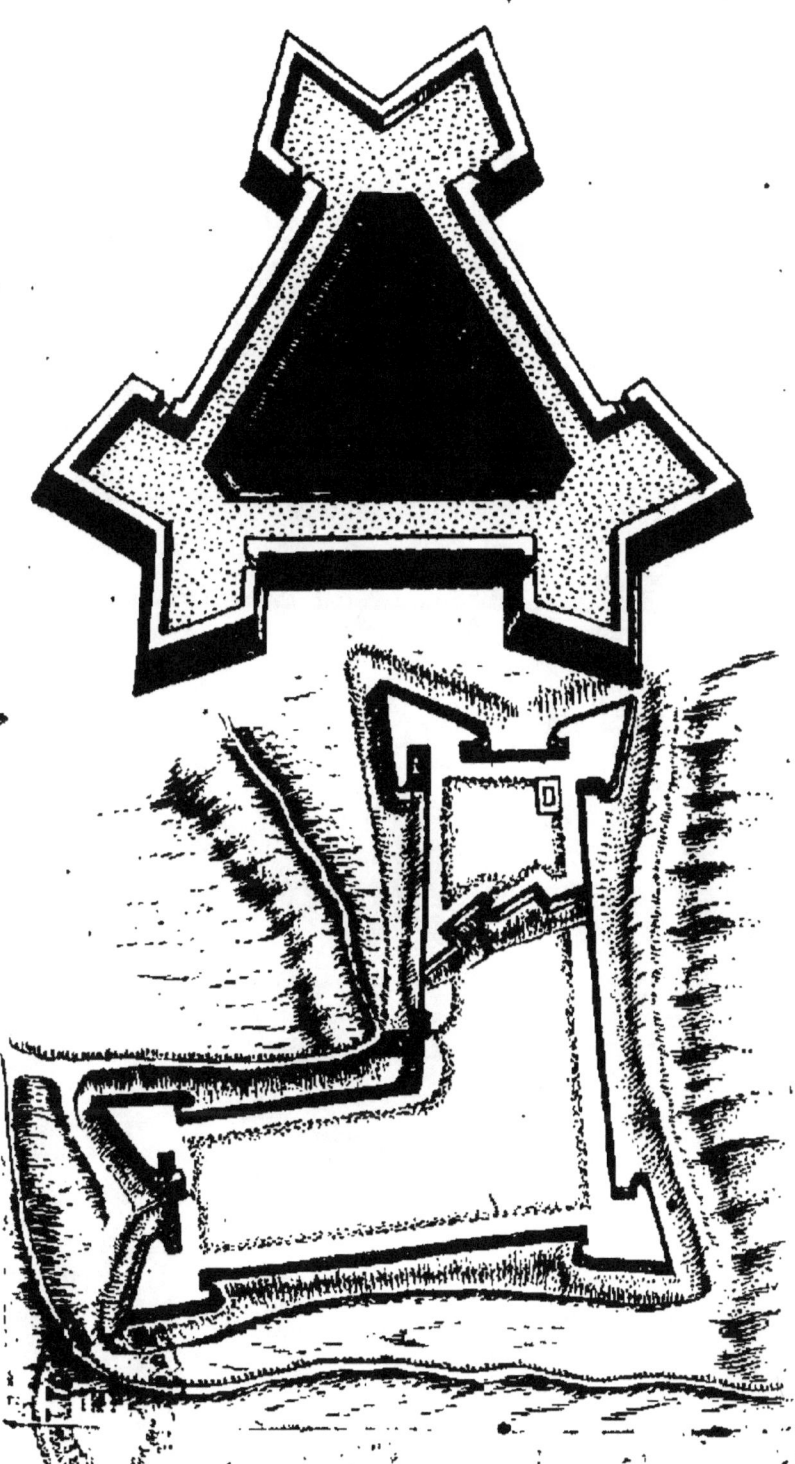

D 18

D 19

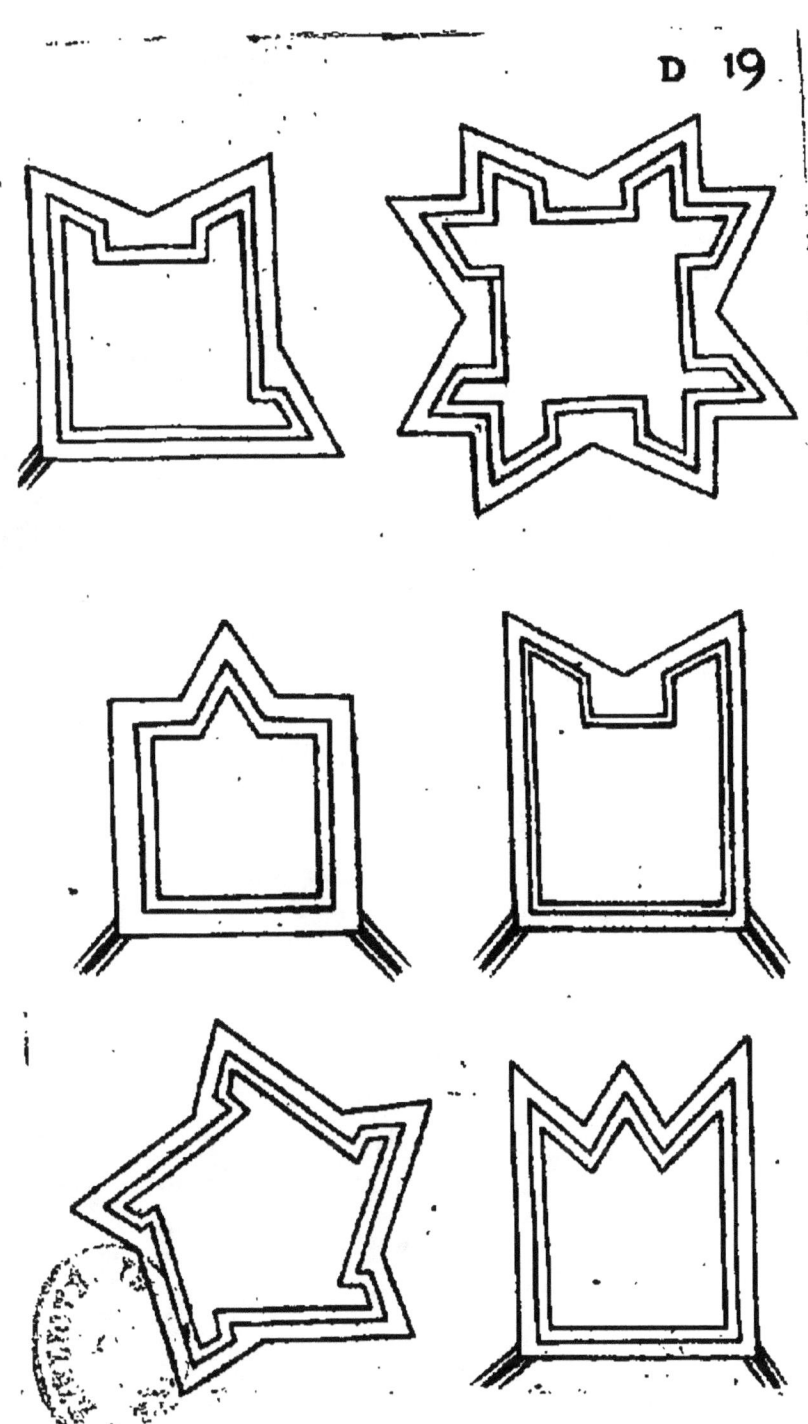

D 21

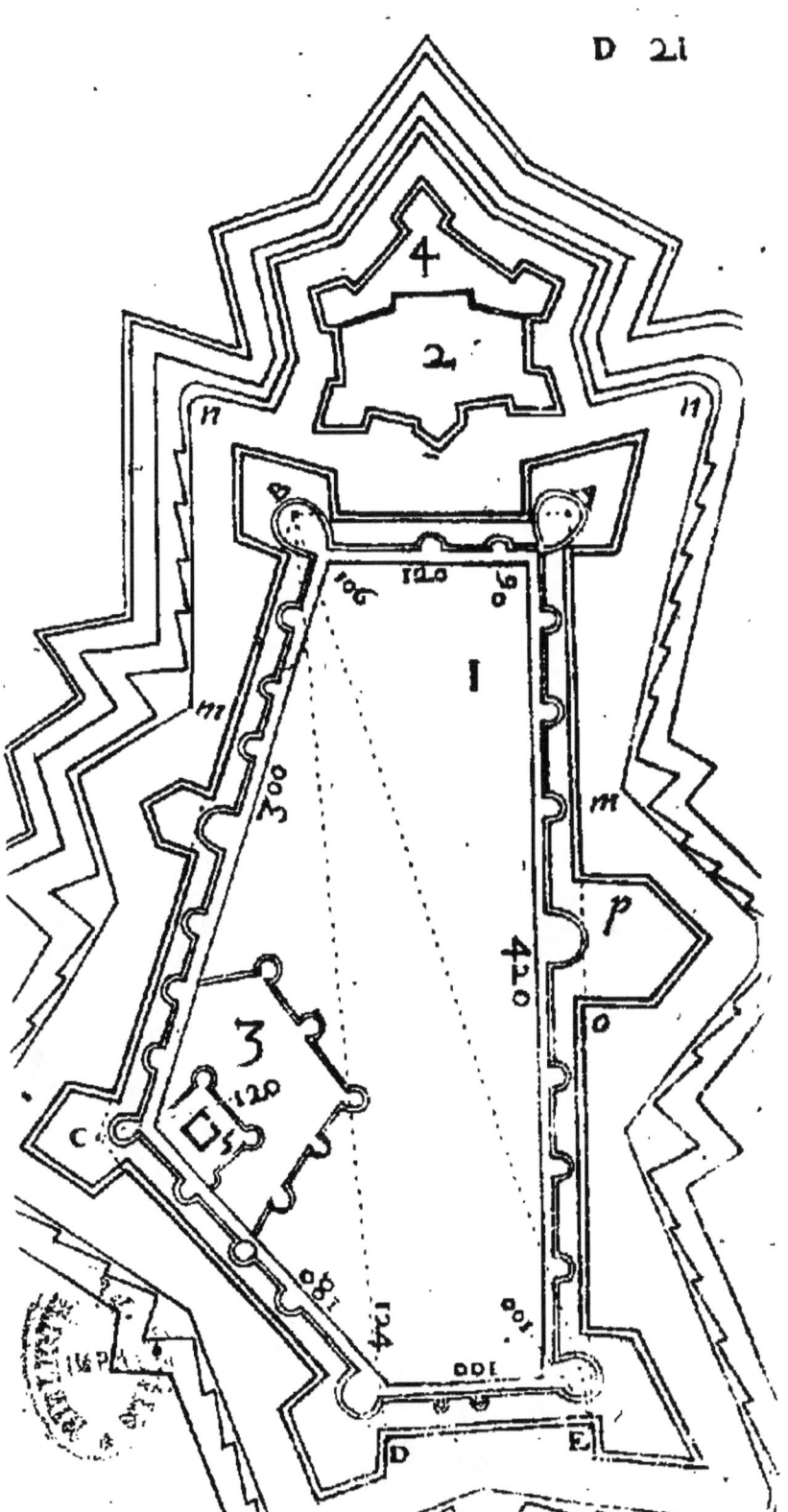

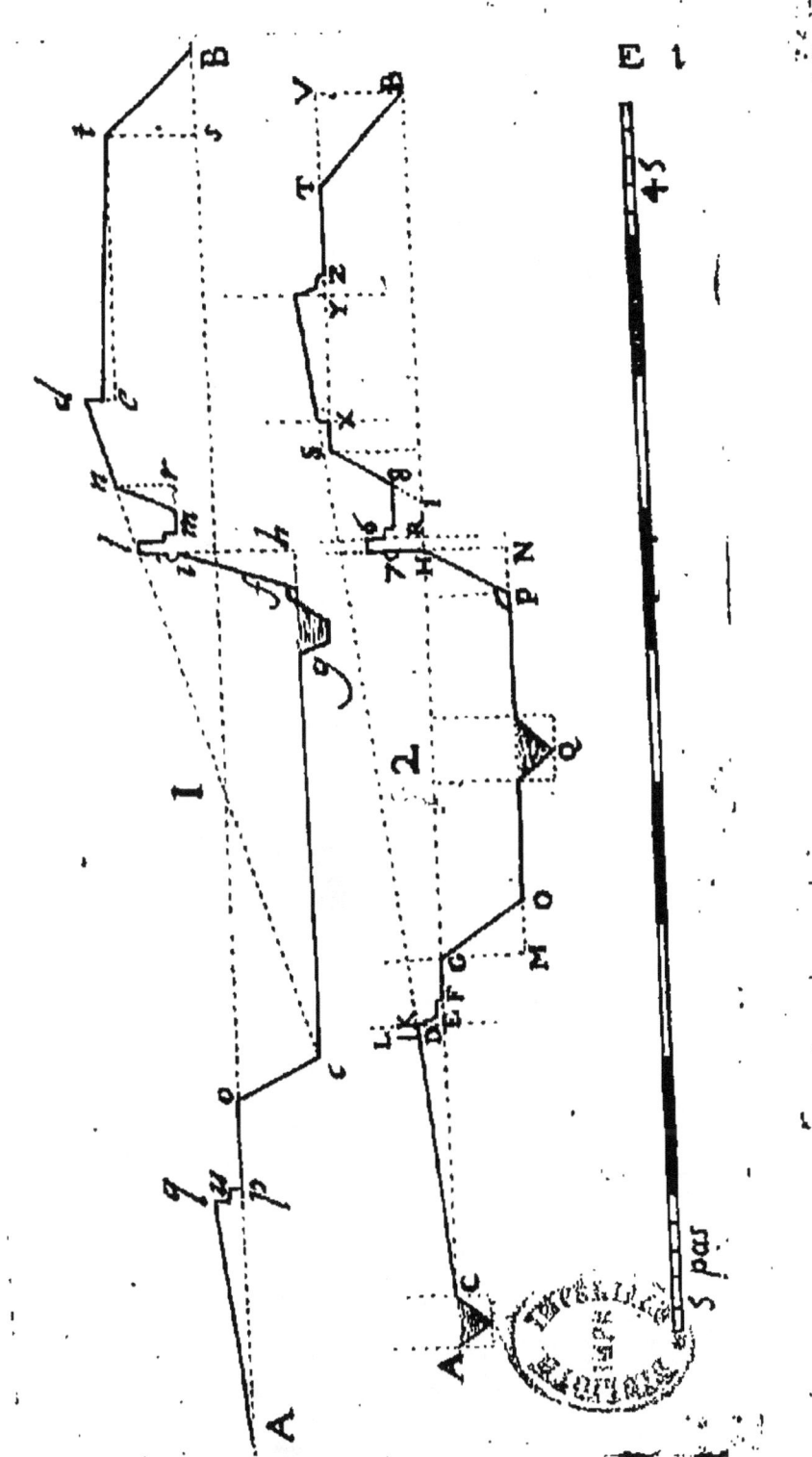

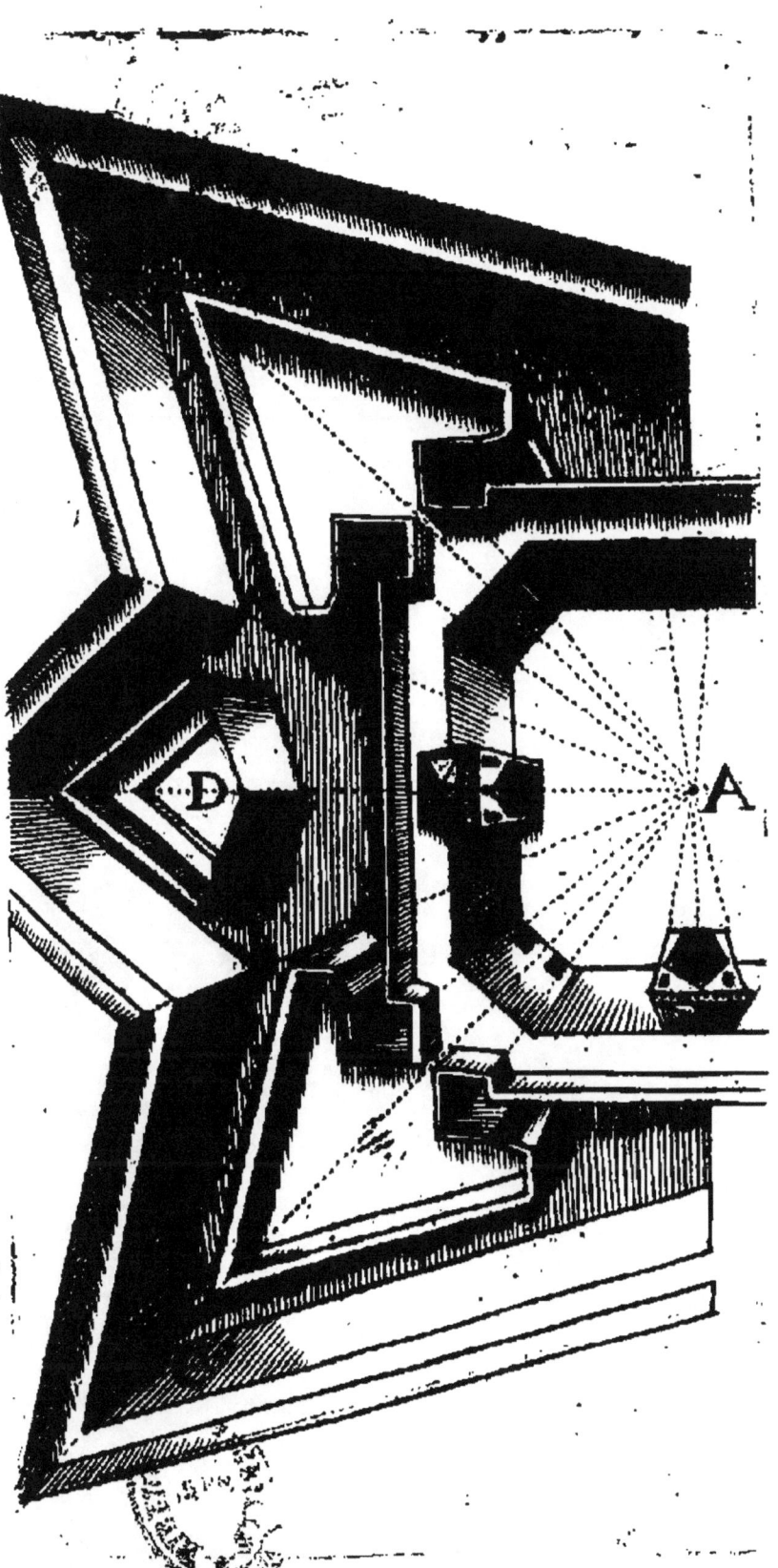

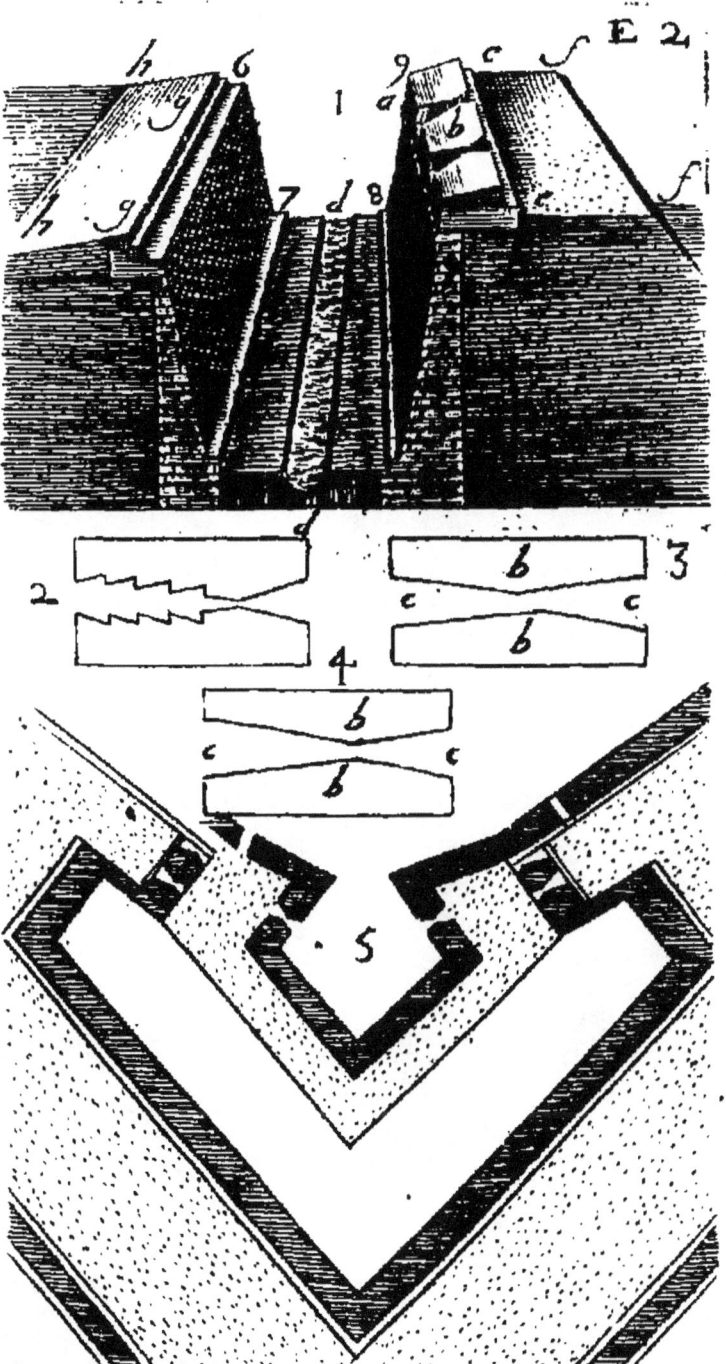

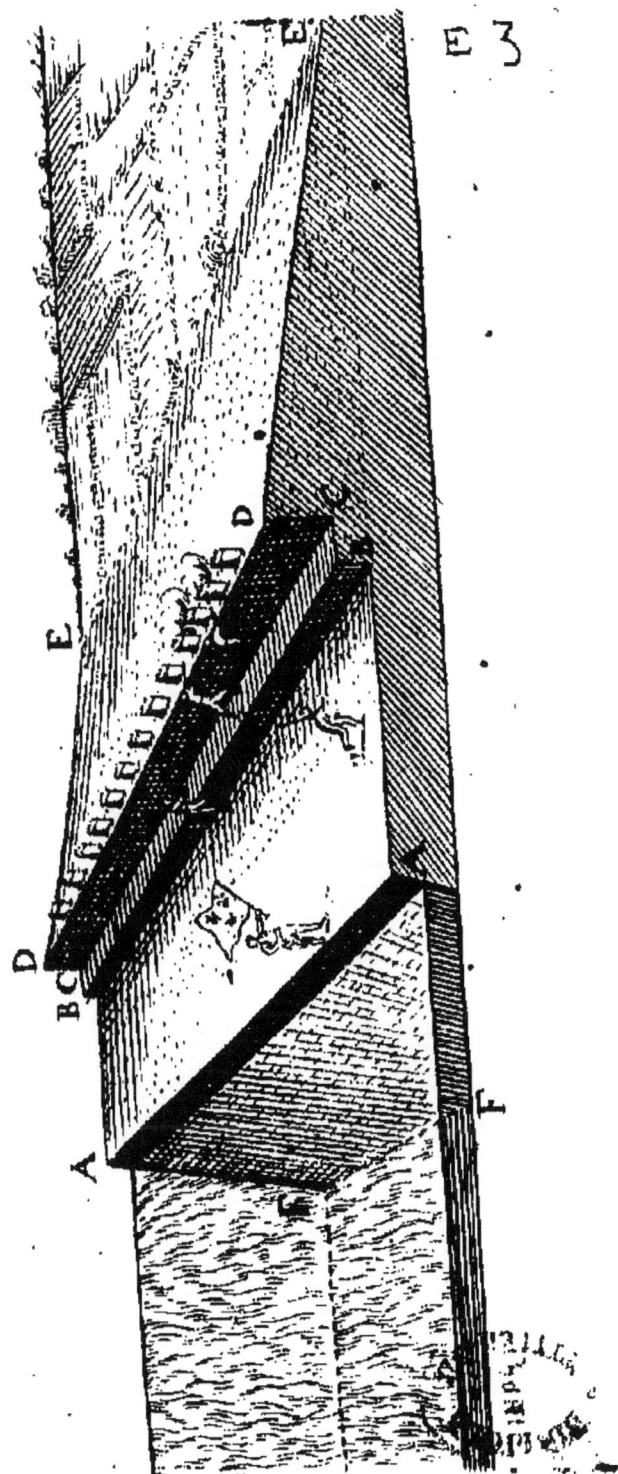

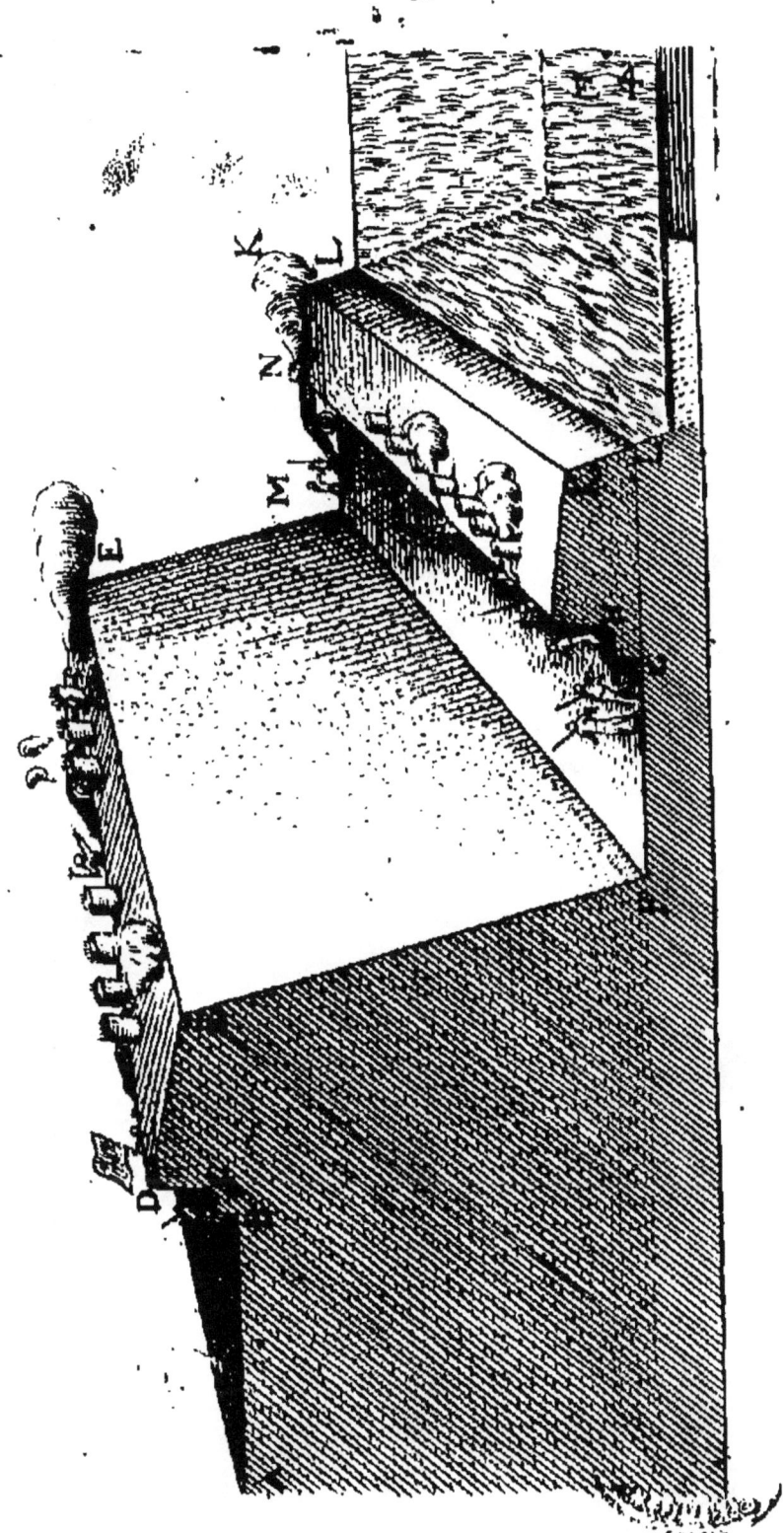

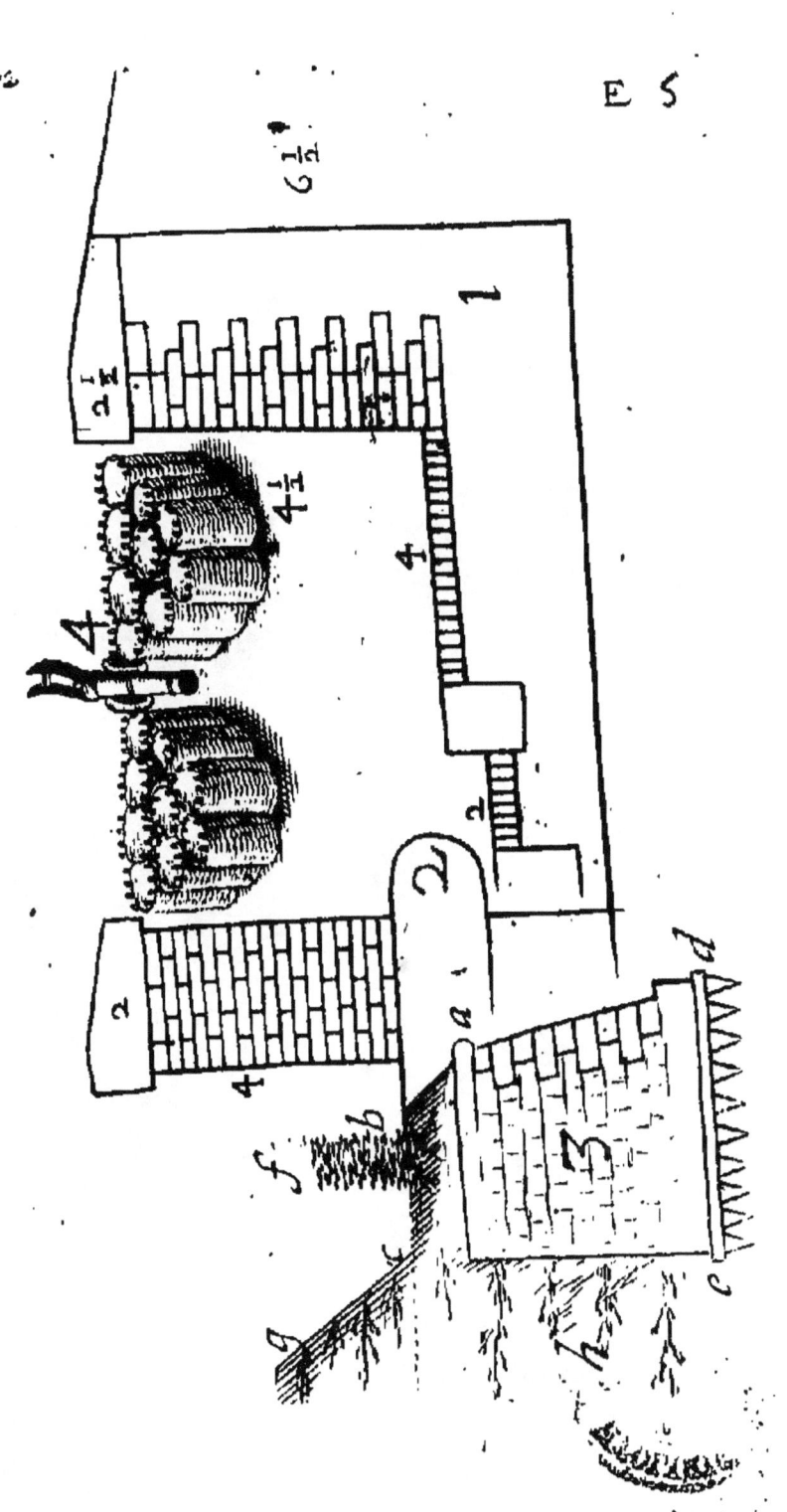

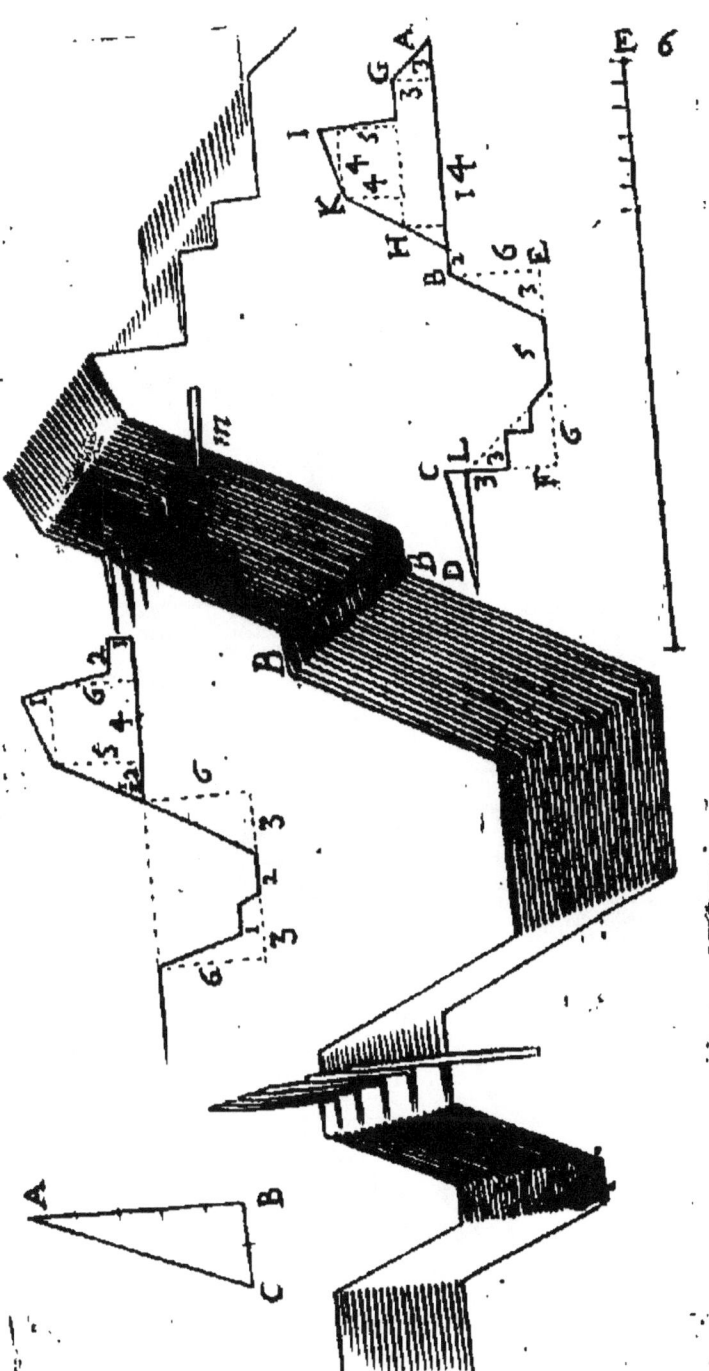

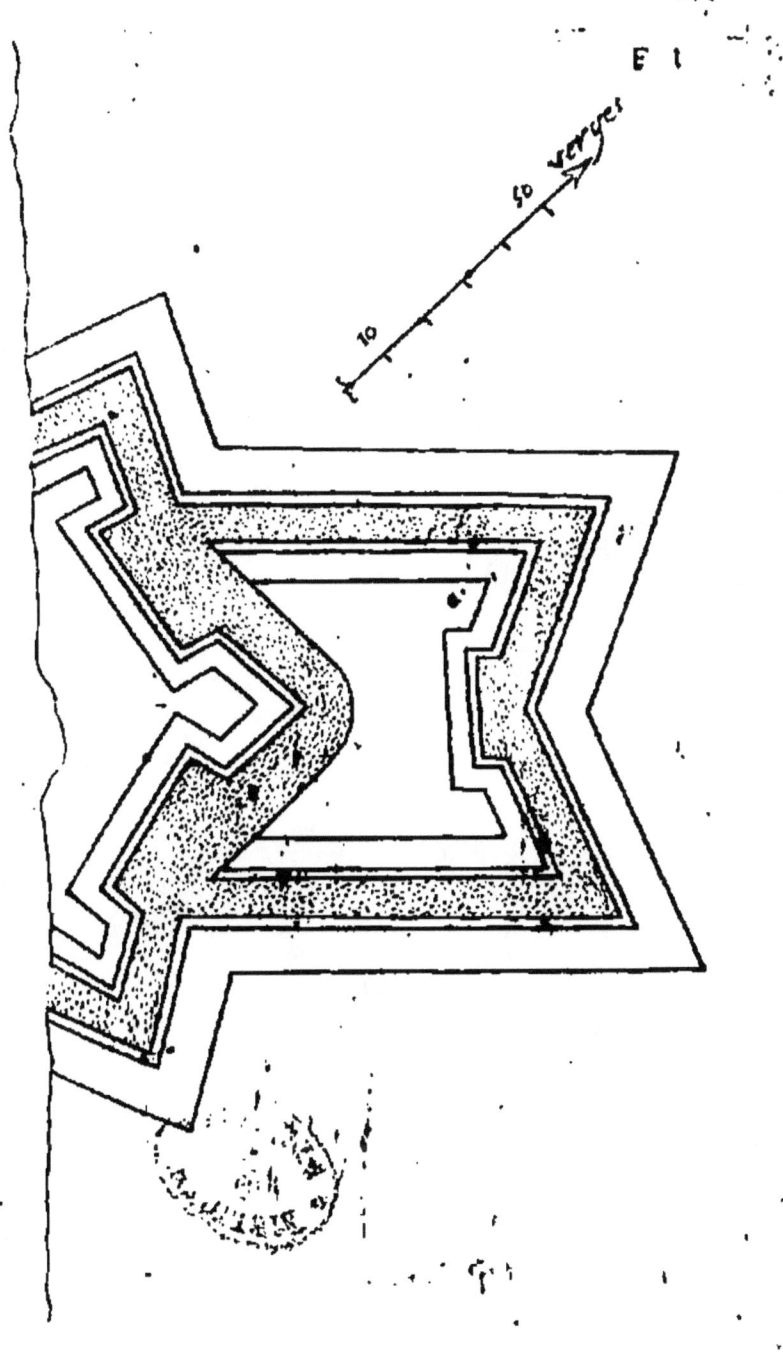

F3

10    50 v/r.

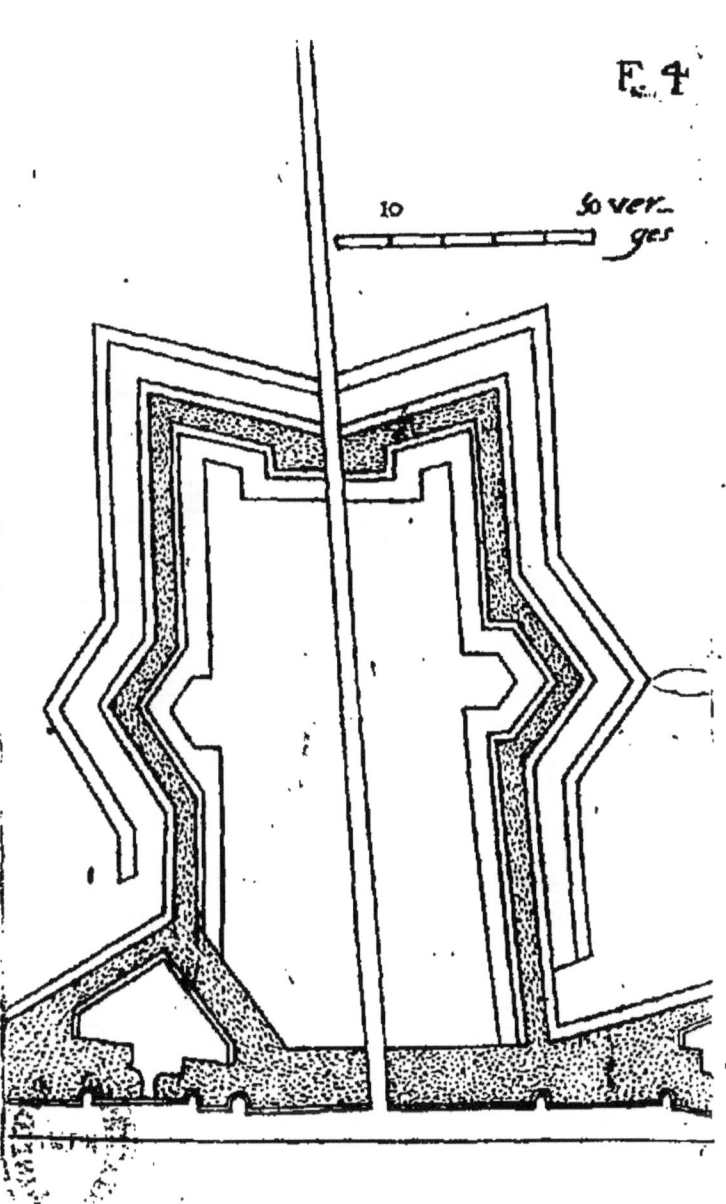

F 5

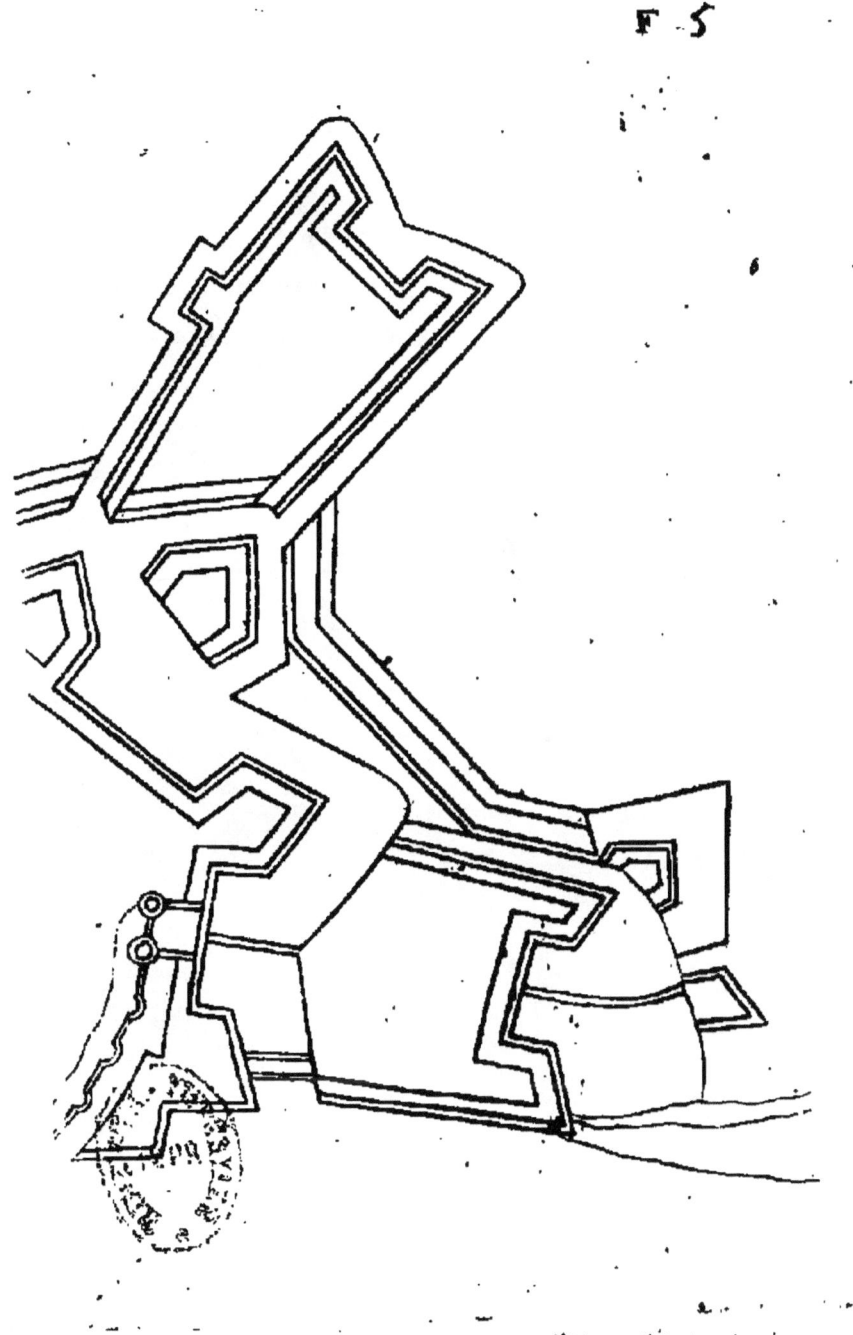

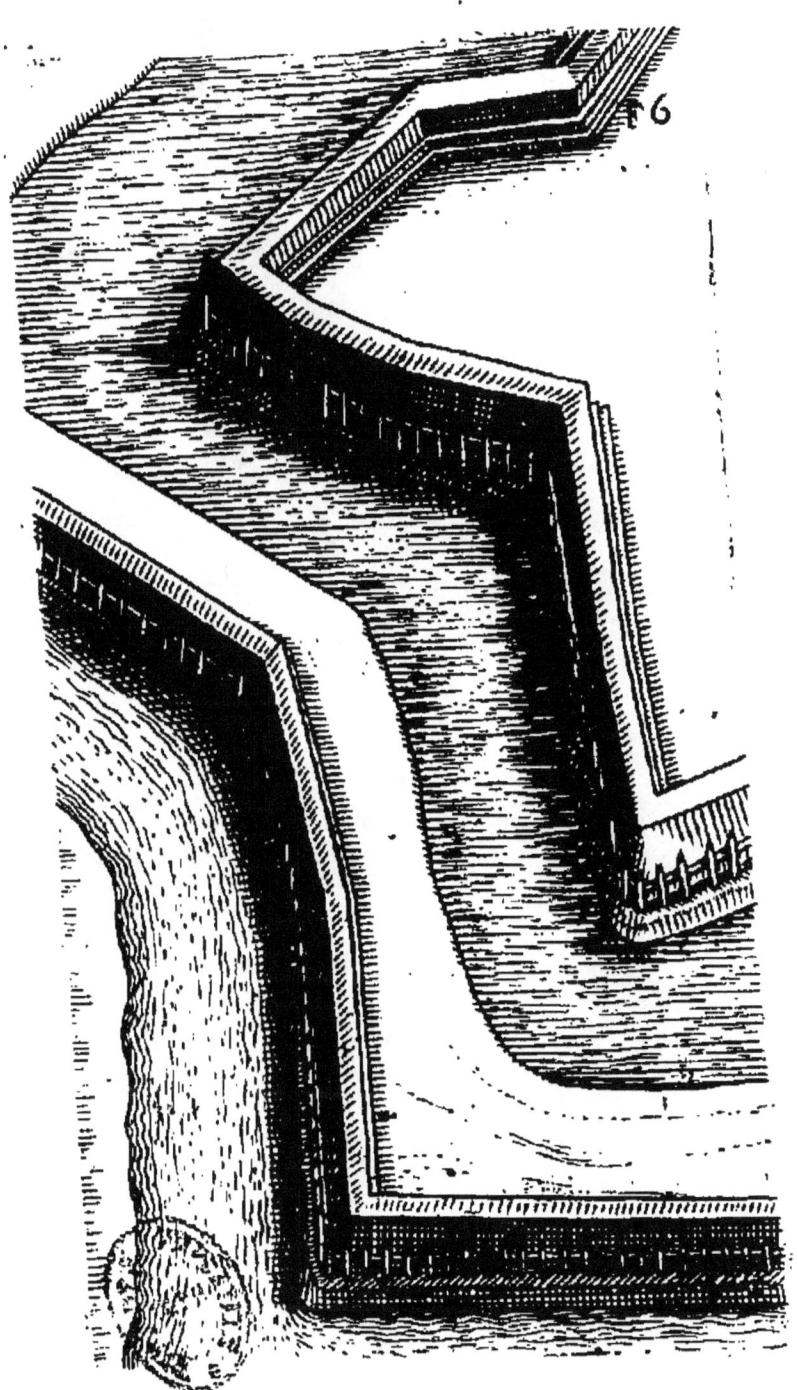

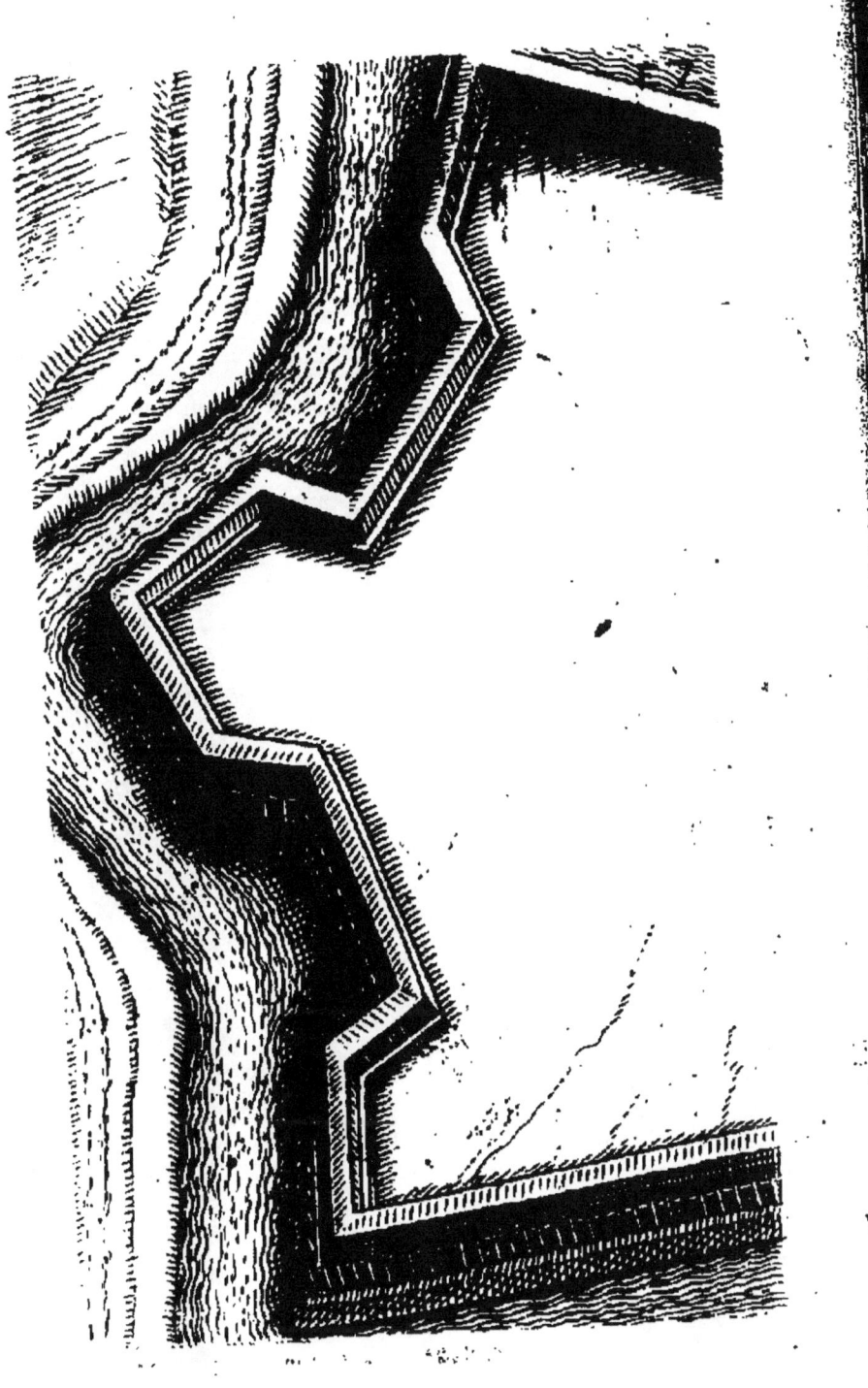

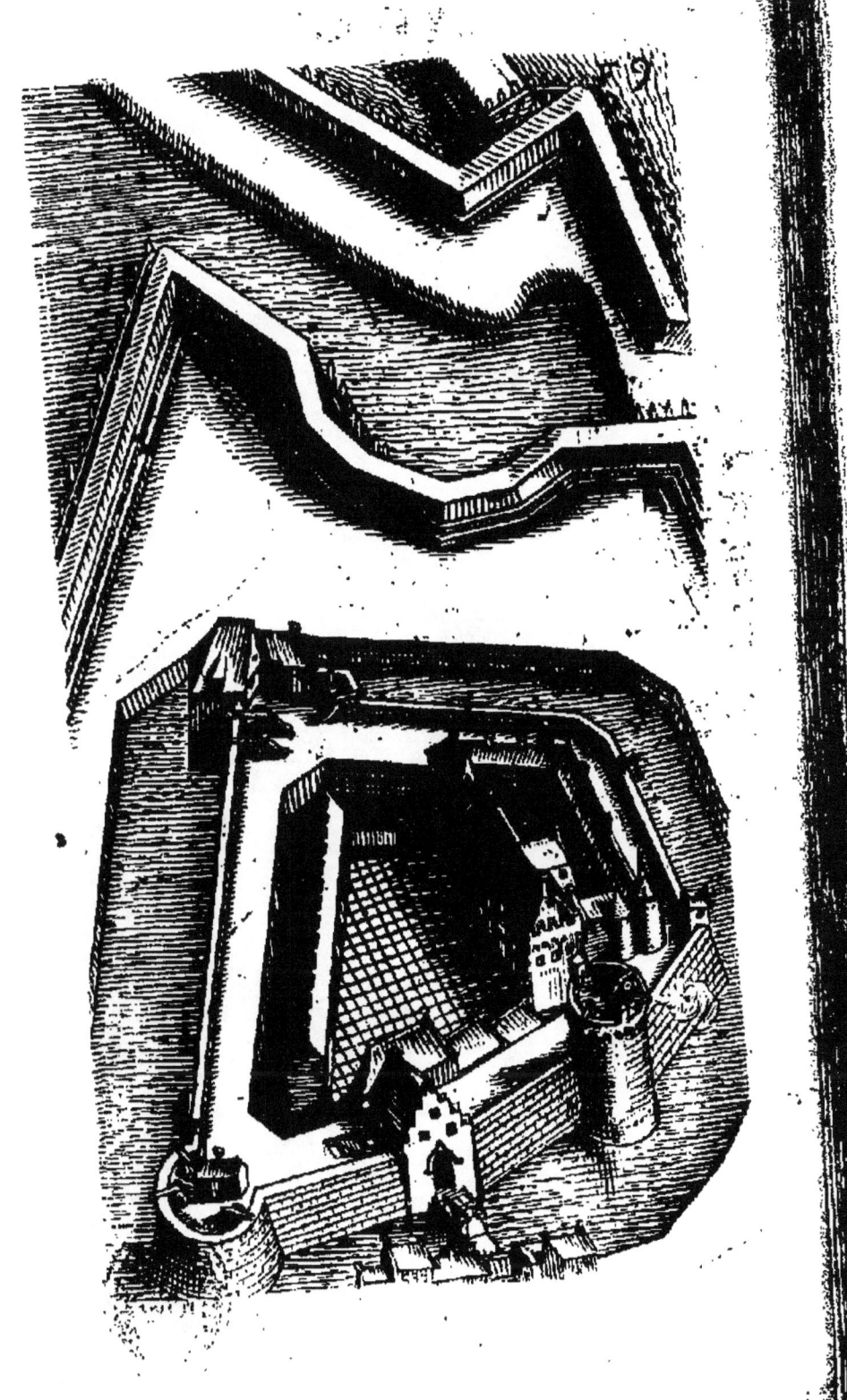

F 10

F II

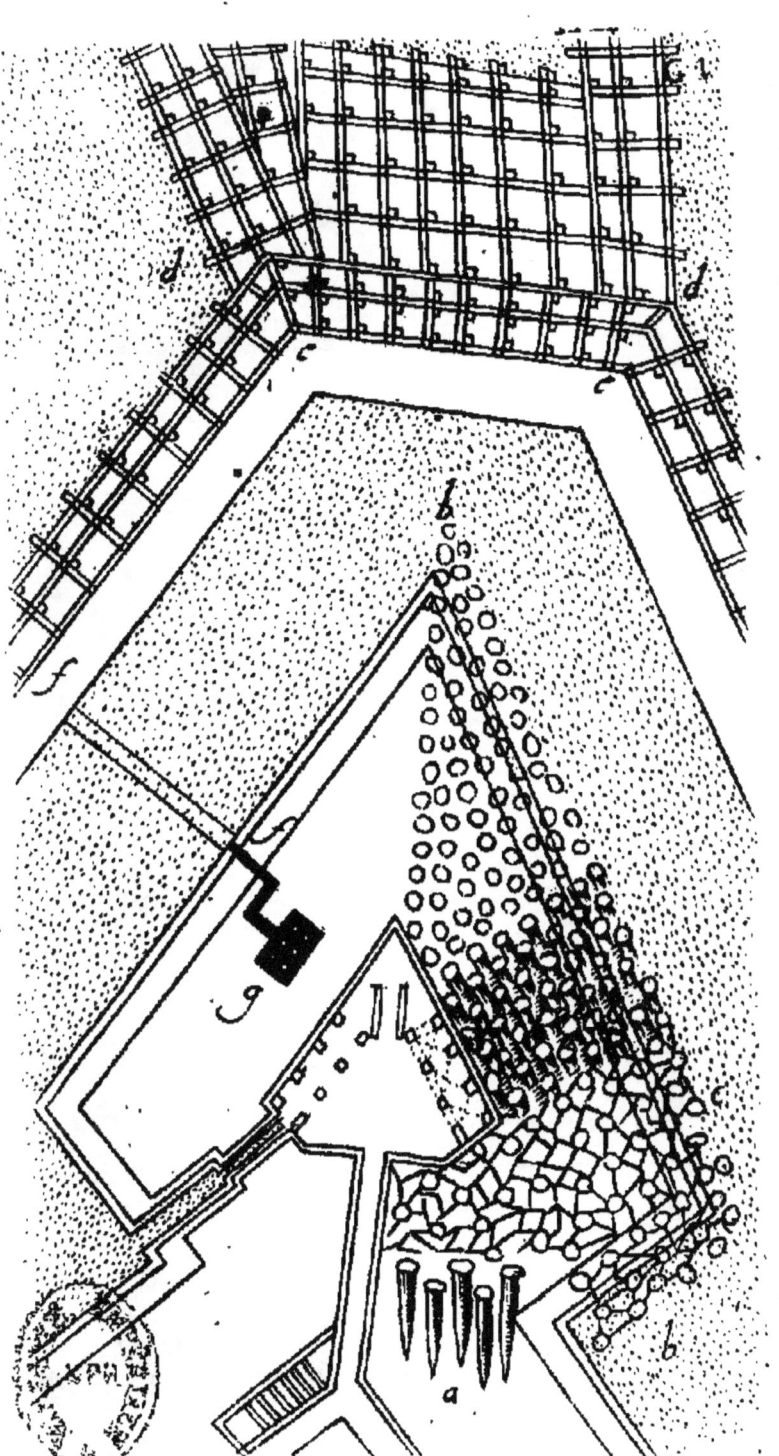

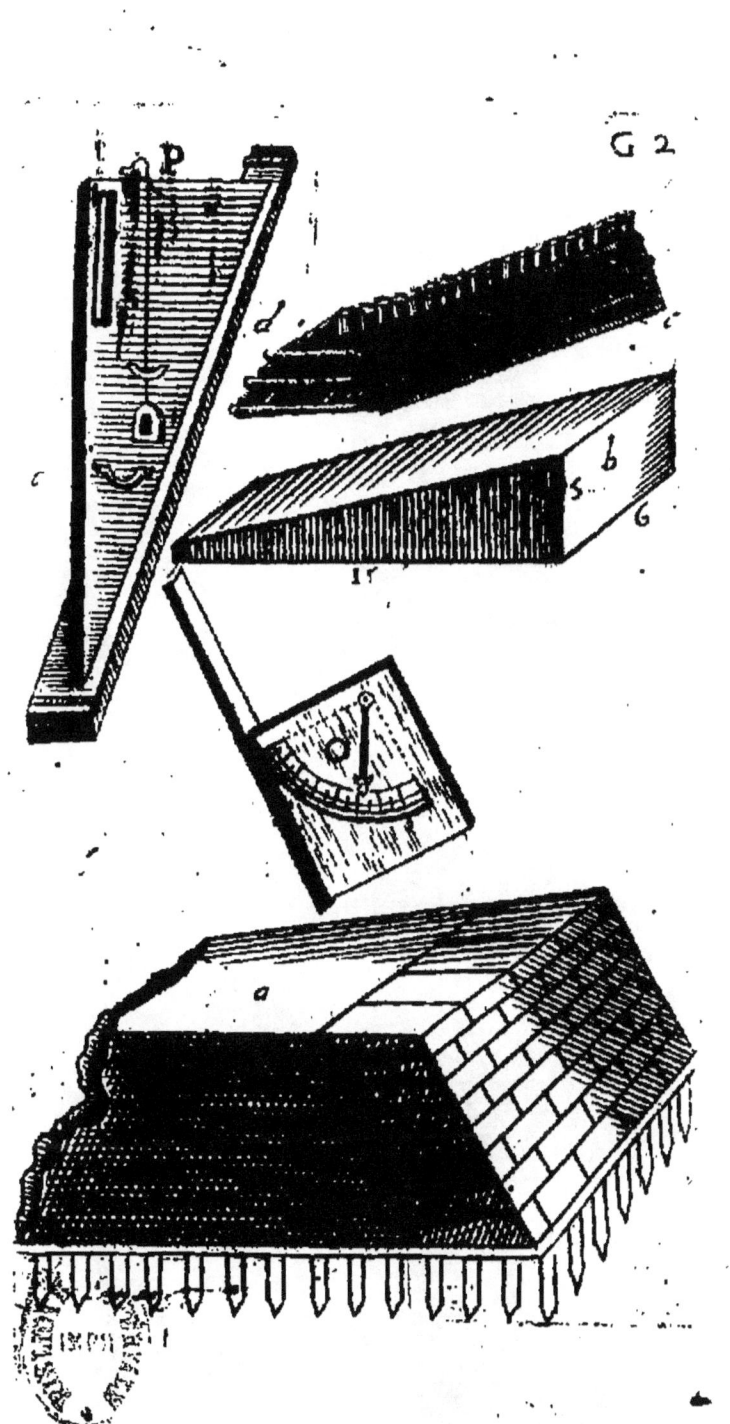

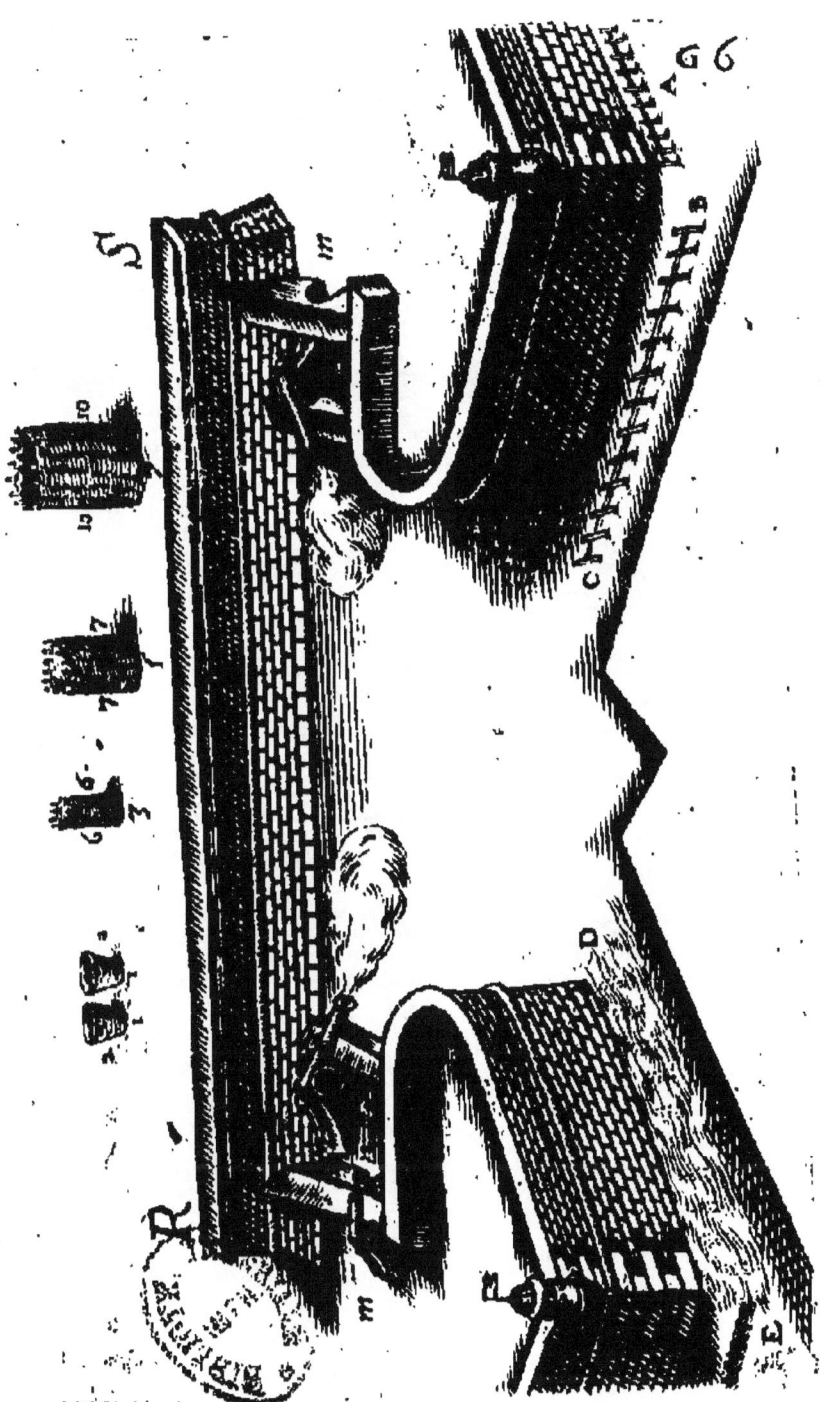

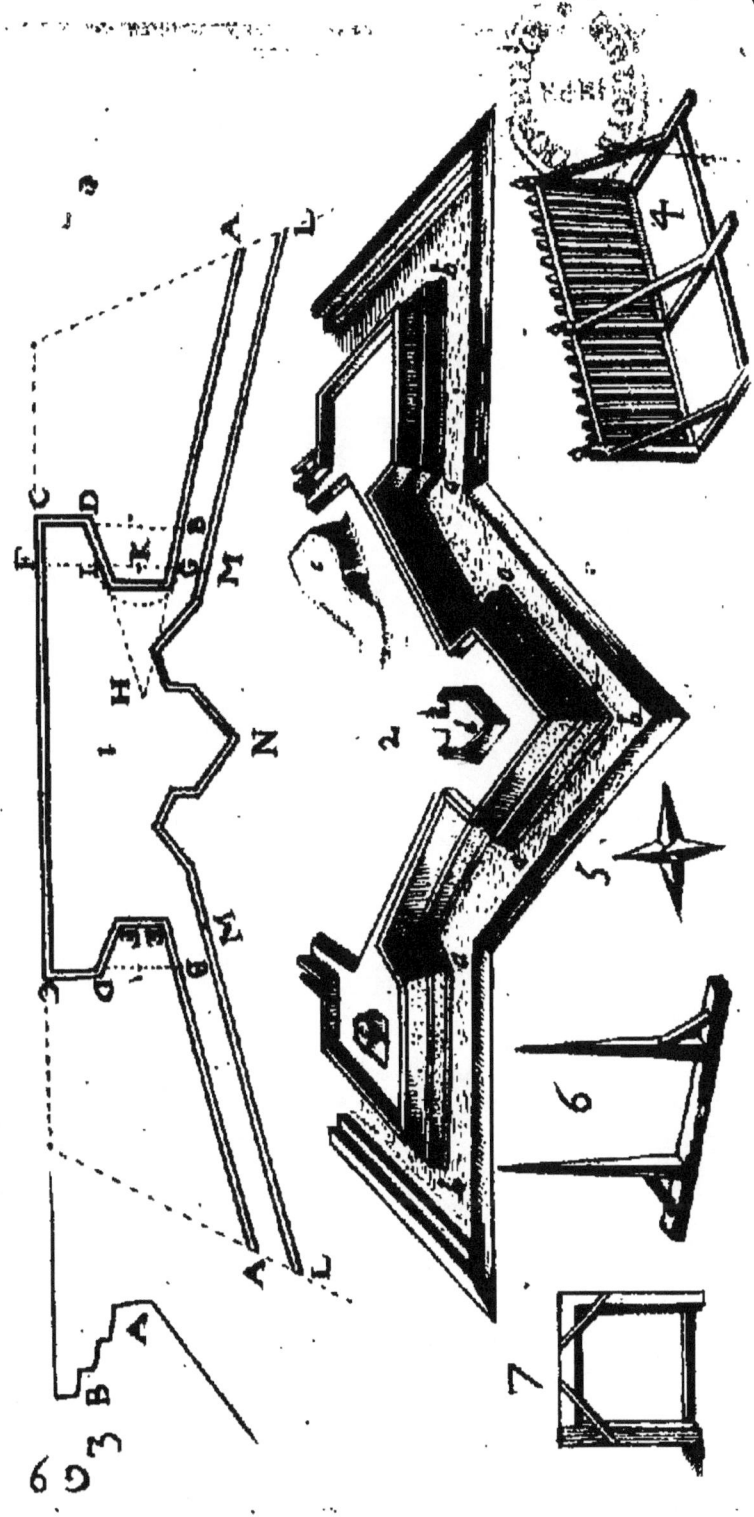

G 10

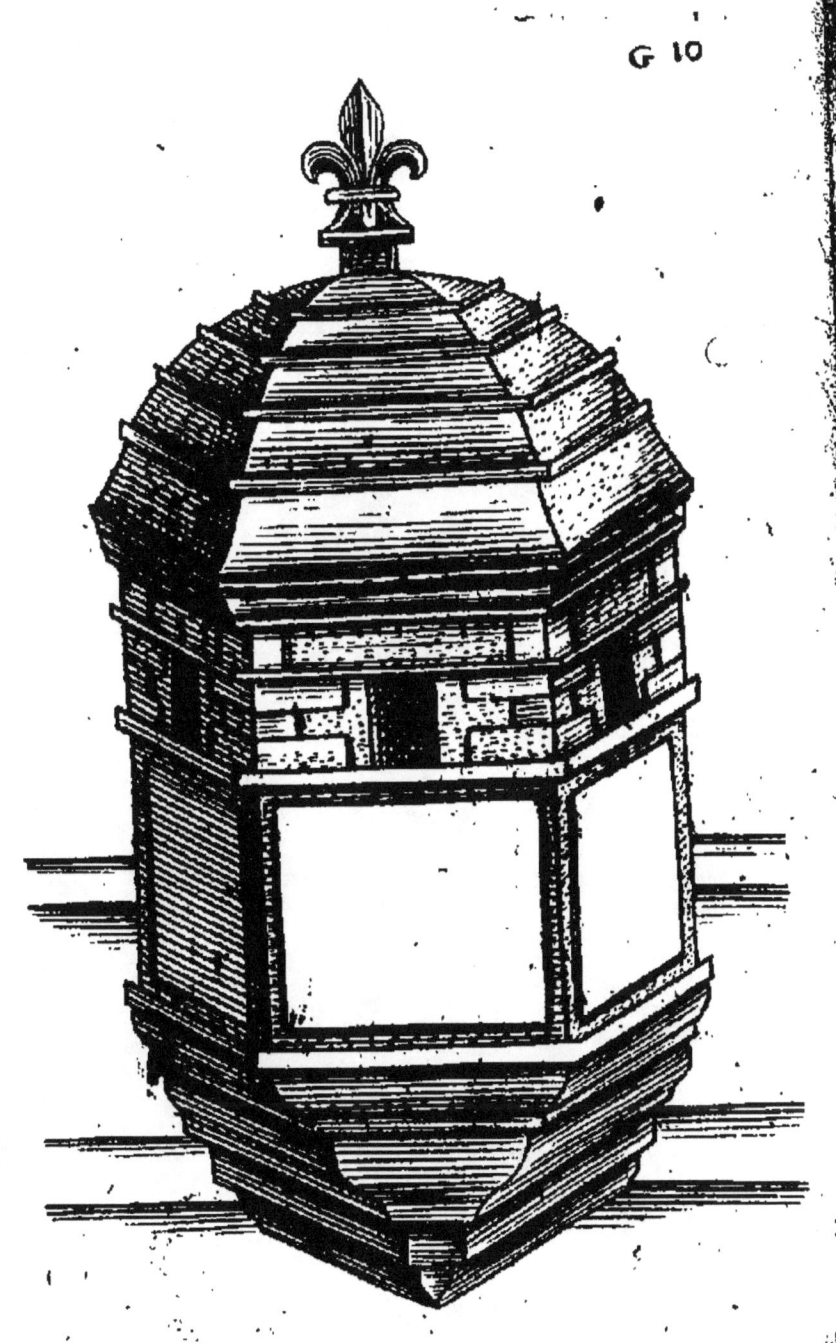

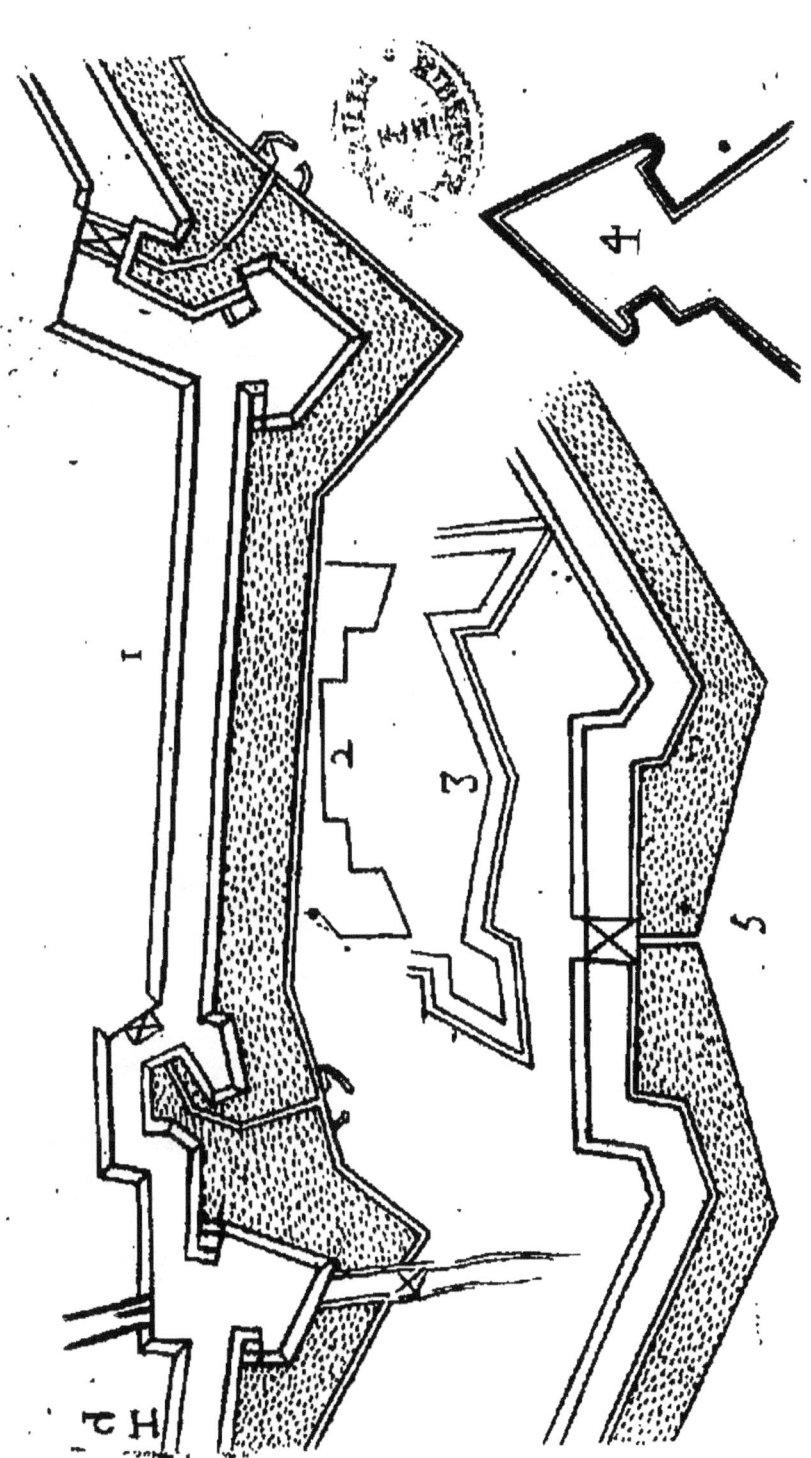

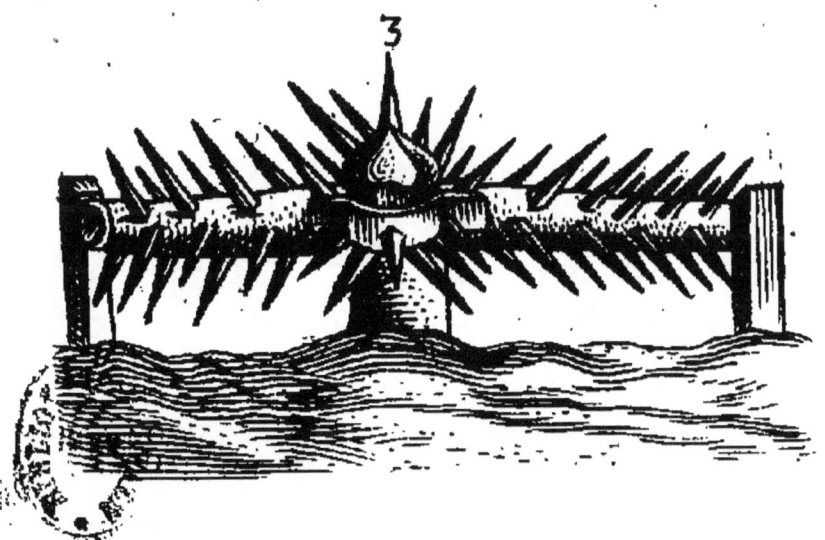

H 6

10  30 verges

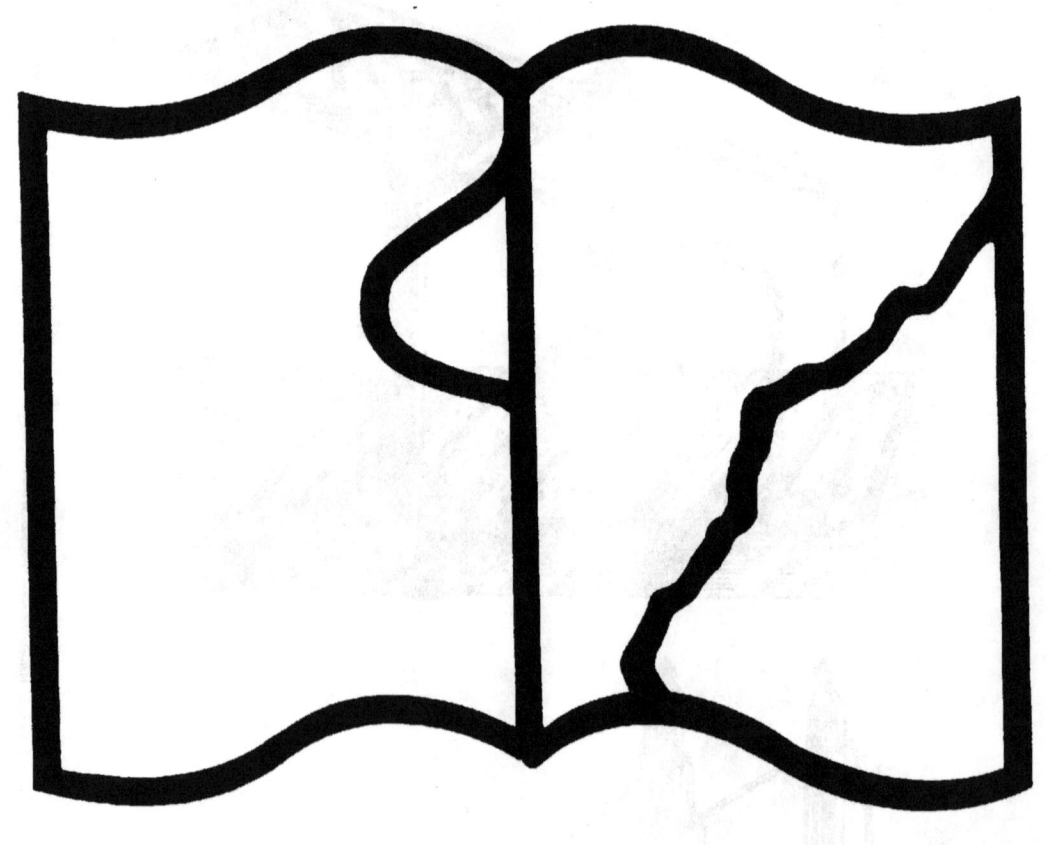

Texte détérioré — reliure défectueuse
**NF Z 43**-120-11